Lummerding · Wiedmann
mini-handbuch **Diversity**

Susanne Lummerding

Sybille Wiedmann

mini-handbuch Diversity

IMPULSE FÜR DIE BERATUNGSPRAXIS

BELTZ

Über die Autorinnen:

SUSANNE LUMMERDING, ist Medienwissenschaftlerin, Coach/Supervisorin (ÖAGG/ÖVS) und Organisationsberaterin (SZB). Sie begleitet Wissensproduzent*innen, Teams, Hochschulen und Organisationen in Reflexions-, Entscheidungs- und Veränderungsprozessen, mit Blick auf gesellschaftliche und organisationale Machtstrukturen, Diversität und Diskriminierungskritik.

SYBILLE WIEDMANN, ist Supervisorin (DGSv), sowie Trainerin und Prozessbegleiterin (SG). Sie arbeitet und berät in den Feldern Diversity, Antidiskriminierung und Gleichstellung. Zu ihren Schwerpunkten gehören die Vermittlung und Verankerung von Diversitykompetenzen in Organisationen, sowie diversitätsbewusste Praxisreflexion.

MIX
Papier aus verantwortungsvollen Quellen
FSC® C089473

Dieses Buch ist auch erhältlich als:
ISBN 978-3-407-36745-7 Print
ISBN 978-3-407-36768-6 E-Book (PDF)
ISBN 978-3-407-36912-3 E-Book (epub)

1. Auflage 2022

in der Verlagsgruppe Beltz · Weinheim Basel
Werderstraße 10, 69469 Weinheim

Lektorat: Julia Zubcic
Umschlagillustration: Jonathan Bachmann
Herstellung: Victoria Larson
Satz: publish4you, Roßleben-Wiehe
Druck und Bindung: Beltz Grafische Betriebe, Bad Langensalza
Printed in Germany

Weitere Informationen zu unseren Autor_innen und Titeln finden Sie unter: www.beltz.de

Inhaltsverzeichnis

Einladung

»Es scheint leichter, Bestrebungen, die darauf abzielen, Exklusion zu bekämpfen, in der Sprache von Diversity zu formulieren als von der Gestaltung eines aktiven Diskriminierungsschutzes zu sprechen. Diversity als institutionalisierte Strategie ist aber erst notwendig geworden, weil es hartnäckige Verhältnisse der mehrgenerationalen Exklusion gibt.«

(MAISHA M. EGGERS 2016, S. 11f.)

Gesellschaftliche Pluralität ist nach wie vor noch lange nicht in allen Bereichen und Hierarchieeben politischer, staatlicher und (zivil-) gesellschaftlicher Institutionen oder in Unternehmen repräsentiert. Chancengleichheit, Gleichbehandlung oder Inklusion scheinen zwar häufig selbstverständlich, sind aber für sehr viele Menschen noch lange nicht erreicht.

So scheint »*Diversity*« für viele Menschen – auch im Kontext arbeitsweltbezogener Beratung – oft als ›etwas‹, auf das gar nicht erst explizit verwiesen werden müsste, das bereits umgesetzt wird und das selbstverständlich zu den eigenen ethischen Grundsätzen gehört. Aus einer marginalisierten, diskriminierungserfahrenen Perspektive hingegen ist eine Umsetzung und eine machtkritische Auseinandersetzung überfällig, ist es nach wie vor dringend notwendig, dass sich Wahrnehmungen verändern, Perspektiven erweitern und vor allem Dominanz- und Machtverhältnisse verändern.

Veränderung bedeutet jedoch, dass Konflikte entstehen können und Auseinandersetzungen notwendig werden – insbesondere, wenn es um die Irritation vertrauter ›Gewissheiten‹ und die (selbst-) kritische Reflexion dominanter Positionen und Perspektiven geht. Die Auseinandersetzung mit gesellschaftlichen Machtverhältnissen beinhaltet immer die Konfrontation mit fundamental unterschiedlichen Wahrnehmungen, Erfahrungen und Wirklichkeitskonstruktionen. Denn es macht einen entscheidenden Unterschied, ob Menschen z. B. als *weiß*, als männlich, als heterosexuell/heteronorm wahrgenommen werden, oder ob Barrieren/Be_hinderungen, Gewalterfahrungen und Ausgrenzung zu ihren alltäglichen Erfahrungen gehören. Es geht also um wirkmächtige Unterschiede – *Unterschiede, die einen Unterschied machen* – auch dahingehend, wessen Erfahrungen wahrgenommen, berücksichtigt und anerkannt werden, wessen Perspektiven selbstverständlich artikuliert werden können und gehört werden.

DIVERSITY BEDEUTET, ÜBER DISKRIMINIERUNG ZU SPRECHEN

In professionellen Kontexten wie Beratung und Bildung bedeutet *Diversity* daher immer auch, sich explizit und bewusst mit Diskriminierung auseinanderzusetzen – auch wenn es leichter scheint, über ›Vielfalt‹ zu sprechen als über Diskriminierungsschutz. Das Thematisieren von Rassismus, Sexismus, Trans*feindlichkeit, ausschließenden Körper- und Leistungs-Normen, klassen-, alters-, oder geschlechterbezogene Zuordnungen als gesellschaftliche Machtverhältnisse ist keine Selbstverständlichkeit. Es löst häufig Abwehr in Form von Angriffen, Bagatellisierung oder Relativierung aus – denn es irritiert mehrheitsgesellschaftliche Perspektiven, erschüttert bisherige Routinen und stellt (Macht-)Positionen in Frage. Diese Abwehrreaktionen sind ein unumgänglicher, notwendiger Bestandteil der Auseinandersetzung mit gesellschaftlichen Machtverhältnissen und der eigenen Verstricktheit in diese, der eigenen privilegierten Positioniertheit in diesen. Sie sind daher auch in der Beratung unumgänglich Teil der Bearbeitung.

In Beratungssituationen bleibt die Herausforderung, in diesem Zusammenhang für alle Personen gleichermaßen und gleichberechtigt diskriminierungsrelevante Themen *besprechbar* machen zu können. »Besprechbarkeit« (Gomis 2020, S. 2) von Diskriminierung braucht in der Beratung eine den kritischen Auseinandersetzungs- und Lernprozess für alle Personen ermöglichende und unterstützende, machtkritisch ausgerichtete und diskriminierungskritische Begleitung.

Mit diesem Mini-Handbuch wollen wir Möglichkeiten der Besprechbarkeit von *Diversity* und Diskriminierung aufzeigen und dazu unterstützendes Wissen vermitteln, um Wahrnehmungen und Perspektiven zu erweitern. Wir stellen zudem Methoden und Handlungsansätze vor, die in konkreten Situationen prozessunterstützend sein können. Dabei gibt es keine »Rezepte«, die eindeutige ›richtig‹-versus-›falsch‹-Anleitungen beinhalten. Vielmehr geht es uns darum, Unterstützung und Impulse dafür zu geben, möglichst inklusive Räume zu schaffen, in denen Auseinandersetzung, Reflexion und Veränderung möglich ist.

SCHREIBWEISEN

Auseinandersetzung mit Machtverhältnissen findet auch in und durch Sprache statt. Dem versuchen wir im Sinn einer möglichst inklusiven Sprache auch mittels entsprechender Schreibweisen Rechnung zu tragen. Einige besonders häufig verwendete seien hier kurz erläutert, weitere werden wir an den entsprechenden Textstellen erläutern bzw. erschließen sich diese auch im Textzusammenhang.

Wir nutzen den *Asterisk (*)*, um auf eine Pluralität von Geschlechtern und darauf zu verweisen, dass Differenzkategorien wie z. B. »Frau«* oder »Mann«* das Produkt gesellschaftlicher Unterscheidungs- und Kategorisierungsprozesse sind, die alle Menschen, die sich nicht innerhalb dieser binären Kategorisierung verorten, ausschließen.

Die Schreibweise *Be_hinderung* (mit Unterstrich) verweist auf das *Be_hindert-Werden* durch gesellschaftliche Barrieren (vgl. dazu → Kapitel »Dominanz- und Machtverhältnisse«, *Be_hinderung*).

Die verwendete Kursivsetzung von »*weiß*« und das Großschreiben von »Schwarz« verweisen in Anlehnung an Positionen der Antirassismusarbeit darauf, dass es sich dabei um politische und soziale Konstruktionen bzw. um gesellschaftliche Positioniertheiten handelt. *Schwarz* bezeichnet die gesellschaftliche Position der Rassismuserfahrung. Zugleich verweist die Großschreibung auf die selbstermächtigende Aneignung des Begriffs durch Schwarze Menschen. *weiß* benennt die (meist unbenannte und auf diese Weise als Norm umso wirkmächtigere) dominante und durch Rassismus privilegierte Position.

Mit der Nutzung von (einfachen und doppelten) *Anführungszeichen* machen wir darauf aufmerksam, dass Sprache und Begriffe nicht einfach Wirklichkeit oder ›natürlich gegebene‹ Fakten ›bloß benennen‹ bzw. etwa ›objektiv‹ und ›neutral‹ beschreiben, sondern im Benennen immer auch gleichzeitig herstellen. Mit einfachen Anführungszeichen signalisieren wir eine (machtkritische) Distanzierung von den betreffenden Benennungen, um auf die damit verbundenen und damit erzeugten Machtwirkungen hinzuweisen. Doppelte Anführungszeichen weisen Zitate aus.

Das Mini-Handbuch richtet sich an alle Menschen, die beratend (oder lehrend, oder in anderen Professionen) tätig sind – und die

- sich informieren bzw. ihr Wissen erweitern wollen,
- gezielt Unterstützung und konkrete Impulse für die machtkritische Gestaltung und Reflexion ihrer professionellen Arbeit suchen.

Wir schreiben dieses Buch aus unseren spezifischen Perspektiven, geprägt durch unsere gesellschaftlichen Positioniertheiten – u. a. aus einer *weißen* Perspektive und z. B. aus der Perspektive nicht be_hindert zu werden. Ohne die geteilten Erfahrungen und das geteilte Wissen vieler Autor*innen, Kolleg*innen und Freund*innen, die uns unsere eigenen Erfahrungen und Perspektiven auch immer wieder als dominante haben reflektieren lassen (ohne dass diese Prozesse je abgeschlossen wären), hätten wir dieses Mini-Handbuch nicht schreiben können. Und so enthält es viele Verweise auf unsere Quellen und Bezüge und auch großen Dank an alle uns immer wieder kollegial beratenden, stärkenden und unterstützenden Menschen.

Diversity_ verstehen wir als einen Prozess, der viel Verunsicherung, Konfliktpotential und auch Verletzungsrisiken beinhaltet, der viel Arbeit und Achtsamkeit erfordert – der aber auch die Möglichkeit und die Vision eines machtkritischen Verbündet-Seins, die Möglichkeit eines empowermentorientierten, solidarischen (professionellen) Handelns bedeutet.

Zu diesem Prozess – und auch dazu, manchmal unveränderbar scheinendes in Bewegung zu bringen – soll dieses Mini-Handbuch eine Einladung sein.

Diversity – ein Konzept für die Beratungspraxis

In der Übersetzung bedeutet *Diversity* zunächst einfach Diversität, also »Vielfalt« bzw. Pluralität und Heterogenität. Mit der Benutzung des englischen Begriffs *Diversity* wird jedoch gleichzeitig auf ein Konzept von Diversität verwiesen, welches für Unternehmen und Organisationen entwickelt, weltweit übernommen, adaptiert und weiterentwickelt wurde und wird. *Diversity* ist darüber hinaus vor allem auch ein gesamtgesellschaftliches Konzept bzw. eine Vision, bezogen auf gesellschaftliche Pluralität, verbunden mit den politischen Ideen und Zielen der Chancengleichheit und der sozialen Gerechtigkeit. Pluralität und Heterogenität sind dabei nicht als beliebig, sondern grundsätzlich immer menschenrechtsbasiert zu verstehen.

Wir beziehen uns in diesem Mini-Handbuch daher auf ein Verständnis von *Diversity*, das sich – im Hinblick auf die Menschenrechte – an einem *machtkritischen* Begriff der *Inklusion* orientiert. Inklusion fokussiert dabei vor allem auf die machtkritische Veränderung von Strukturen und den Abbau von Barrieren. Erst das aktive Einbeziehen marginalisierter und bislang ausgeschlossener Perspektiven, das Infragestellen dominanter Positionen und das Teilen von Macht ermöglicht gleichberechtigten Zugang, sowie Teilhabe und Repräsentation aller Menschen in ihrer Pluralität. Wir verstehen *Diversity* in diesem Sinn als ein Konzept, das sich wesentlich auf eine kritische Reflexion von Macht- und Dominanzverhältnissen gründet.

Die *Menschenrechte* bilden dabei den wesentlichen Bezugspunkt für die fundamentale Anerkennung von Verschiedenheit, von unterschiedlicher Verletzbarkeit (Vulnerabilität) und der grundlegenden Gleichheit aller Menschen an Rechten und Würde.

Für die arbeitsweltbezogene Beratungsarbeit bedeutet dies, Beteiligungs-, Teilhabe und Zugehörigkeitsrechte in den Fokus zu rücken. *Diversity* als Konzept fokussiert dabei auf unterschiedliche Zugangsmöglichkeiten, Ausschlüsse und Barrieren, mit dem Ziel, diese zu verändern und abzubauen. Somit geht es immer auch um Antidiskriminierung, das heißt, um Diskriminierungskritik und Diskriminierungsschutz und darum, Diskriminierung als Zugangsbarriere zu erkennen, anzuerkennen und zu thematisieren.

Diskriminierung erfolgt häufig unbewusst und wird nicht immer als solche wahrgenommen (vor allem nicht von Personen, die sie selbst nicht erfahren, d.h. Personen, die *strukturell* privilegiert werden). Daher ist es notwendig, sich konkrete Dynamiken der Macht und der Dominanz – etwa in Teams, in Organisationen – bewusst zu machen und deren Grundlagen in gesellschaftlichen Macht- und Dominanzstrukturen zu reflektieren. Veränderung im Sinne einer gleichberechtigten Teilhabe aller bedeutet in diesem Zusammenhang vor allem auch, Macht abzugeben und Macht(-positionen) zu teilen. In der Beratungsarbeitet bedeutet dies, selbst- und machtkritisch zu reflektieren, Perspektiven (bislang) marginalisierter Positionen wahrzunehmen und anzuerkennen, dominante Perspektiven als solche kritisch zu reflektieren, sowie Perspektivwechsel machtkritisch zu ermöglichen.

REFLEXIONSFRAGEN

Im Hinblick auf Entwicklungs-/Veränderungs- und Entscheidungsprozesse, Planung, Kommunikation und Zusammenarbeit in Teams und Organisationen können folgende *Reflexionsfragen* zu *Diversity* hilfreich sein:

- Welche Barrieren sind für wen spürbar bzw. existenz(iell) behindernd? Für wen sind sie das nicht – und daher nicht wahrnehmbar/nicht existent?
- Welche unterschiedlichen Möglichkeiten der Zugehörigkeit und der Teilhabe sind damit verbunden?
- Was müsste sich in Hinblick auf gleichberechtigte Teilhabe verändern?

Diversity bezieht sich – entsprechend einem machtkritischen Verständnis – also nicht auf die (häufig damit verbundene) Vorstellung von ›bunter Vielfalt‹ im Sinn einer Repräsentanz ›kulturell‹ differenter Menschen oder unterschiedlicher ›Gruppen‹ bzw. so definierter ›Anderer‹.

Vielmehr beinhaltet *Diversity* eine (selbst-)reflexive, kritische Auseinandersetzung damit, wie diese ›Anderen‹ überhaupt erst wirkmächtig und machtvoll konstruiert werden, nach welchen Kriterien Menschen unterschieden, in ›Gruppen‹ unterteilt und damit zu ›Anderen‹ gemacht werden und wie scheinbar ›neutrale‹, gängige Unterscheidungen und Zuordnungen Menschen diskriminieren und strukturell benachteiligen.

Gesellschaftliche Pluralität spiegelt sich in Organisationen und in Teams, sie ist Bezugspunkt und Referenzdimension professionellen Handelns und ist somit Thema arbeitsweltbezogener Beratung. Viele Organisationen, Institutionen und Unternehmen setzen inzwischen Konzepte, die auf Chancengleichheit, Gleichstellung und Antidiskriminierung zielen, um und initiieren entsprechende Prozesse. Das Thema *Diversity* wird daher zunehmend auch ein professionsethischer und konzeptioneller Bestandteil von Supervision, Coaching, Organisationsentwicklung und weiteren Beratungsformen. Wissen zu *Diversity* als machtkritischem Konzept gewinnt in diesem Zusammenhang besonders an Bedeutung.

Ein Blick auf die Geschichte der Entstehung und Entwicklung von *Diversity* als Konzept bietet hier einen ersten wichtigen Bezugspunkt für die Reflexion und die Bearbeitung von Machtdynamiken und *diversity*-bezogenen Fragen, die in Beratungskontexten (implizit oder explizit) Thema werden.

DIVERSITY – KONZEPT UND STRATEGIE

Der Begriff und das Konzept *Diversity* basieren auf der Entwicklung organisationsbezogener Ansätze in Folge des Einforderns gleicher Rechte durch soziale kritische Bewegungen – Frauenrechtsbewegungen, Bewegungen Schwarzer Menschen/ *People of Color*, Arbeiter*innenbewegungen, Behindertenrechtsbewegungen, LGBTIQ*-, queerfeministische und weitere Menschenrechtsbewegungen. Ziel dieser Ansätze war und ist es auch weiterhin, Chancengleichheit, Gleichbehandlung und Diskriminierungsschutz in Organisationen und in der Gesellschaft umzusetzen und für alle Menschen zu realisieren.

In Folge rechtlicher Errungenschaften in Form von Antidiskriminierungsgesetzgebungen wurde in den 1960er Jahren in den USA die Strategie *Managing Diversity* entwickelt. Ihre Umsetzung wurde vor allem auch dadurch befördert, dass Unternehmen das Risiko von Klagen und hohen Strafzahlungen vermeiden wollten. Die Einhaltung und Umsetzung von Antidiskriminierung erfordert(e) in diesem Zusammenhang vor allem präventive Maßnahmen auf grundlegender Ebene, die nur durch Organisationsentwicklung und Veränderung der Organisationskultur erreicht werden können. Die Strategie *Managing Diversity* richtet den Fokus daher auf einen aktiven Umgang mit Pluralität und Heterogenität (*Diversity*) und auf

Diskriminierungsschutz in Unternehmen sowie auf das bewusste ›*Managen*‹ einer heterogenen Personal-Zusammensetzung bzw. zuallererst auf das Erreichen einer solchen. Das Konzept wurde international in einer zunehmend globalisierten Wirtschaft vor allem von global agierenden Unternehmen aufgegriffen. Seit Ende der 1990er Jahre wird es auch im deutschsprachigen Raum von einer wachsenden Zahl von Unternehmen und Organisationen umgesetzt.

Diversity als Ansatz und als Strategie wurde sowohl privatwirtschaftlich und in der Betriebswirtschaftslehre adaptiert als auch politik- und sozialwissenschaftlich (weiter-)entwickelt. Der Ansatz wurde unter anderem etwa in den Erziehungs-, den Kulturwissenschaften oder der Sozialen Arbeit aufgegriffen (Walgenbach 2015, S. 14–21). Viele gemeinnützige Organisationen sowie Träger der Jugendhilfe, Verwaltungen oder auch Bildungs- und Kultureinrichtungen setzen ihn – mit jeweils unterschiedlicher Ausrichtung und unterschiedlichen Schwerpunkten – mittlerweile um.

Seit 2006 wird das Konzept durch die »Charta der Vielfalt« – einer nationalen Unternehmensinitiative, die 2010 auf EU-Ebene ausgeweitet wurde – befördert. Die unterzeichnenden Institutionen verpflichten sich, »Diversität und Vielfalt« aktiv zu fördern:

»*Ziel der Initiative ist es, die Anerkennung, Wertschätzung und Einbeziehung von Vielfalt in der Arbeitswelt [...] voranzubringen. Organisationen sollen ein Arbeitsumfeld schaffen, das frei von Vorurteilen ist. Alle Mitarbeiter_innen sollen Wertschätzung erfahren – unabhängig von Geschlecht, geschlechtlicher Identität, Nationalität, ethnischer Herkunft, Religion oder Weltanschauung, Behinderung, Alter, sexueller Orientierung und Identität.*« (Charta der Vielfalt 2006)

Mit dem Bezug auf die in Antidiskriminierungsgesetzen und auch in der Charta der Vielfalt genannten »Diskriminierungskategorien« beziehen sich *Diversity*-Ansätze über einen vage bleibenden Begriff von »Vielfalt« hinausgehend zugleich auf ANTIDISKRIMINIERUNG als Zielsetzung.

DIVERSITY ALS KONZEPT

- basiert auf den Errungenschaften sozialer kritischer Bewegungen (z. B. Antidiskriminierungsgesetzen).
- hat Chancengleichheit, Gleichbehandlung und Diskriminierungsschutz in Organisationen und Unternehmen zum Ziel.
- strebt Repräsentation und Teilhabe an, um die Zusammensetzung der Gesellschaft in der Organisation auf allen Hierarchieebenen widerzuspiegeln.
- fokussiert auf die Anerkennung und Wertschätzung von Pluralität (in einem politischen und menschenrechtsbasierten Verständnis).
- setzt bei der Veränderung von Organisationen und Strukturen an: diese sollen so umgestaltet werden, dass eine gleichberechtigte Teilhabe für alle möglich wird.
- Damit geht es zentral um den *Abbau von Barrieren* und um die Reflexion und *Veränderung ausschließender Praxen und Strukturen.*

Mit der Unterzeichnung der Charta der Vielfalt verpflichten sich Unternehmen und Organisationen freiwillig dazu, entsprechende Ziele zu formulieren, Maßnahmen zu entwickeln und umzusetzen. Dabei sind jedoch keine Standards vorgegeben.

Diversity als Konzept wird also sehr unterschiedlich umgesetzt – und manchmal auch nur »auf dem Papier«. Häufig gibt es auch wenig Transparenz dazu im Unternehmen bzw. auch keine verankerte und verbindliche Strategie. Bei Mitarbeitenden kann dies zu Unzufriedenheit und auch zu Konflikten führen, es können Ausschlüsse oder auch Rückzug und Isolation von Mitarbeitenden stattfinden bzw. verstärkt werden.

Um die Bedeutung von *Diversity* bzw. die Haltung zu *Diversity* in Organisationen zu ermitteln und zu überprüfen, können Reflexionsfragen wie die folgenden hilfreich sein.

REFLEXIONSFRAGEN – DIVERSITY IN DER ORGANISATION

- Wie wird mit Pluralität in der Organisation umgegangen?
- Wie wird mit Diskriminierungsrisiken in der Organisation umgegangen?
- Wie wird über Diversität gesprochen? Wird diese thematisiert? Wird sie als positiv, als wünschenswert oder eher als ›zusätzliche‹ Belastung gesehen?
- Gibt es ein Bewusstsein für ungleiche Zugangs- und Teilhabemöglichkeiten? Welche Barrieren werden wahrgenommen? Welche nicht?
- Wird Diversity auf punktuelle Maßnahmen beschränkt oder wird eine Veränderung auf struktureller Ebene in den Blick genommen?
- Was bedeuten die jeweiligen Befunde und Einschätzungen für die Beratungsarbeit und den konkreten Beratungskontext?

DIVERSITY UND ANTI-/DISKRIMINIERUNG

Der historische Entstehungskontext von *Diversity*-Konzepten verweist auf deren unmittelbare – und notwendige – Verbindung mit der Idee der Antidiskriminierung und der Verankerung von Diskriminierungsschutz in Organisationen.

Diversity als Konzept bezieht sich nicht auf eine beliebige, eine ›bunte‹, oder ›einfach vorhandene‹ Vielfalt, sondern auf *gesellschaftlich* und historisch *getroffene Unterscheidungen* und »über gesellschaftliche Verhältnisse produzierte *Ungleichheiten*« (Gutiérrez Rodríguez 1999, S. 13–24). Gewaltvolle Zuordnungen führen zu struktureller Ungleichbehandlung, zu Ausschluss und Diskriminierung – und sie bedingen, dass Zugangschancen und Teilhabemöglichkeiten unterschiedlich verteilt sind.

Nach wie vor prägen und strukturieren Unterscheidungskategorien wie z. B. ›Geschlecht‹ bzw. *Gender*, rassistische und klassenbezogene Zuordnung und Diskriminierung nicht nur den gesellschaftlichen Alltag, sondern auch viele berufliche/arbeitsweltbezogene Kontexte. Historisch und kulturell hervorgebrachte soziale Unterscheidungskategorien wie die genannten in-formieren nach wie vor Bewertungen von Aussehen, Habitus, Leistung oder Arbeitsweisen und damit auch die Verteilung von Anerkennung, Einkommen und Ressourcen. Genderbezogene, klassenbezogene, rassistische, religionsbezogene, ableistische, körperbezogene Zuordnungen, Zuschreibungen und Diskriminierung beeinflussen nach wie vor Zugänge zu bestimmten gesellschaftlichen oder beruflichen Positionen, wie immer wieder zahllose Studien auf nationaler wie internationaler Ebene zeigen.

In Bildungssystemen, in der Arbeitswelt, in Institutionen und Organisationen erleben Menschen daher jeweils unterschiedlich Zugangschancen oder Barrieren, Ein- oder Ausschlüsse, Zugehörigkeit oder Marginalisierung. Sie erleben Situationen in der Zusammenarbeit und im Kontakt mit Klient*innen, Kolleg*innen und Leitungspersonen, in denen historisch und kulturell hervorgebrachte soziale Zuordnungen (re-)produziert werden, in denen – oft ohne, dass dies bewusst intendiert ist – ausgrenzende Zuschreibungen, Herabwürdigung, Verletzung und Diskriminierung erfolgen.

Diskriminierung als solche wahrzunehmen und sie zu thematisieren ist keine Selbstverständlichkeit: Sie erscheint oft als ›normal‹, bzw. wird nicht als solche wahrgenommen, da alle Menschen innerhalb gesellschaftlicher Macht- und Dominanzstrukturen sozialisiert und ihre Erfahrungen sowie ihre Wahrnehmungsperspektiven durch diese geprägt sind. Zudem erleben mehrheitszugehörige Menschen selten Ausgrenzung, machen kaum Diskriminierungserfahrungen und sehen aus dieser Perspektive oft keine Dringlichkeit für das Thematisieren von Diskriminierung. Ein Thematisieren wird dadurch innerhalb gesellschaftlicher Machtverhältnisse deutlich erschwert. Somit ist auch Antidiskriminierung als Strategie keine Selbstverständlichkeit. Erst mit den EU-Richtlinien wurde sie in langen Prozessen der Ausverhandlung und Ratifizierung auch in nationalen Gesetzgebungen rechtlich verankert.

ANTIDISKRIMINIERUNG/DISKRIMINIERUNGSSCHUTZ

Antidiskriminierung/Diskriminierungsschutz ist eine Errungenschaft der Kämpfe sozialer kritischer Bewegungen und ist in der Menschenrechtscharta der Vereinten Nationen verankert. Eine weitere Grundlage bilden die UN-Menschenrechtskonventionen sowie die Antidiskriminierungsrichtlinien der EU.

- Ziel ist die Gleichbehandlung (Nicht-Diskriminierung) von Personen und Personengruppen in den Anwendungsbereichen der Gesetze: Erwerbstätigkeit und Dienstleistungen.

Antidiskriminierungsgesetzgebungen beziehen sich mit dem Ansatz der Gleichbehandlung von Personen auch auf Organisationen und Institutionen. Dies bedeutet:

- die Pflicht der Arbeitgebenden, die Gesetze bekannt zu machen und für Diskriminierung zu sensibilisieren.
- die Umsetzung *positiver Maßnahmen*, also von Maßnahmen zum Nachteilsausgleich (wie z. B. Quotenregelungen, gezielte Förderung, Trainings u. a. (siehe vertiefend → Kapitel »Diskriminierung und Diskriminierungskritik«).

Die Themen Diskriminierung und Diskriminierungsschutz sind also zwar rechtlich festgelegt, jedoch nicht unbedingt als selbstverständlicher Wissensbestand in einem allgemeinen Bewusstsein gesellschaftlich präsent und verankert.

Auch im Kontext von *Diversity*-Ansätzen ist dies nicht immer und selbstverständlich der Fall. Häufig wird dort zunächst der sogenannte Nutzen von »Vielfalt« (z. B. einer »vielfältigen« Belegschaft) für die unternehmerischen Ziele betont. Oft wird damit eine eher neoliberal bzw. utilitaristisch geprägte Ausrichtung des Konzepts verfolgt: Die »Vielfalt« in der Organisation, im Unternehmen soll diesem Verständnis nach deshalb erhöht werden, um weitere Zielgruppen und damit vor allem Wettbewerbsvorteile zu erreichen. *Diversity* wird dabei in erster Linie als *sichtbare* Repräsentanz (im Sinn *sichtbarer* Unterschiede) verstanden, als mehr ›Vielfalt‹, mehr ›*kulturelle Differenz*‹, unterschiedlichere ›Gruppen‹ bzw. so konstruierte (und visuell als ›anders‹ hervorgehobene) ›Andere‹ auf Werbematerialien, in der Öffentlichkeitsarbeit oder auch in Teams. Es geht also in solchen Fällen häufig eher um eine ›bunte‹ Vielfalt oder auch ein »Feiern von Differenz(en)« (Mecheril 2008, S. 63–67), »*es wird Differenz – und oft auch Diversität – gesagt, wo über Rassismus, Sexismus etc. gesprochen werden sollte.*« (Baer 2010, S. 11–20).

Häufig gibt es keine organisationsbezogene *Diversity*-Strategie, die sich damit auseinandersetzt, wie Stereotype, Zuschreibungen und Diskriminierung im Unternehmen, in der Organisation und deren Strukturen wirken und vor allem, wie Diskriminierung (in allen Bereichen) abgebaut werden kann. Auf diese Weise werden Diskriminierungserfahrungen eher verstärkt und wiederholt, es entstehen neue Ausschlüsse und die Belastungen – für diejenigen, die nicht der Mehrheitsgesellschaft angehören und die für »mehr Vielfalt« stehen sollen – werden erhöht.

REFLEXIONSFRAGEN

Für eine machtkritische Beratungsarbeit können folgende Reflexionsfragen hilfreich sein:

- Wie wird in der Organisation »Vielfalt« (bzw. Pluralität) definiert? Wie wird sie von unterschiedlichen Beteiligten beschrieben?
- Mit welchem Ziel soll sie erhöht werden? Wofür wird sie »gebraucht«?
- Welche Form des Abbaus von Barrieren, welche Unterstützung, welche Nachteilsausgleiche gibt es?

- Wie wird mit Veränderung umgegangen?
- Gibt es Qualifizierungsangebote, Team-Tage, Supervision oder Coaching?
- Welchen Umgang gibt es mit Mitarbeitenden in der Organisation, die als ›Minderheitenangehörige‹ explizit für bestimmte Funktionen eingestellt werden, z. B. Übersetzungsanforderungen oder Zuweisungen zu bestimmten Tätigkeiten mit Blick auf bestimmte Zielgruppen? Gibt es eine gleichberechtigte Verteilung von z. B. Aufgaben, Anerkennung?
- Welche Rückzugs- oder Schließungstendenzen in Bezug auf Mehrheits- und Minderheitenverhältnisse in der Organisation lassen sich beobachten?
- Werden Macht- und Diskriminierungsstrukturen wie Sexismus, oder Rassismus in der Organisation benannt und bearbeitet?
- Welchen Umgang gibt es mit *Tokenism* (Alibipolitik)?
- Welche Zuschreibungen werden (durch welche Strukturen, Abläufe, Teamzusammensetzungen, Aufgabenverteilung, oder in Interaktionen) möglicherweise reproduziert?

TOKENISM (ALIBIPOLITIK/-FUNKTION)

Der englische Begriff *Tokenism* bezeichnet kritisch eine *Alibipolitik* hinsichtlich *Diversity*, wenn – anstelle strukturell ansetzender *Diversity*-Maßnahmen – Personen, die gesellschaftlich marginalisierten ›Gruppen‹ zugeordnet werden, als »Aushängeschilder« für ein *Diversity*-bewusstes Image benutzt werden.

Diese Personen erfüllen insofern eine *Alibifunktion* (als sogenannte *Tokens*), als *Diversity* auf eine lediglich symbolische Ebene beschränkt wird und Diskriminierungsstrukturen damit eher aufrechterhalten und verschleiert werden.

GEFAHR DER REPRODUKTION VON DISKRIMINIERUNG – DIFFERENZ-DILEMMA

Diversity-Ansätze beziehen sich in der Regel auf sogenannte *Diversity*- bzw. Diskriminierungs-*Kategorien,* um – daraus – in Bezug auf Personen-›Gruppen‹ (z. B. »Frauen«, »Migrant*innen«, »Muslim*innen«, »Senior*innen«, »Menschen die staatliche Transferleistungen erhalten«) entsprechend Maßnahmen abzuleiten. Kategorien und *Kategorisierungen* bilden also einerseits für *Diversity*- und Antidiskriminierungspolitik einen notwendigen Ansatzpunkt, um Verhältnisse zu verändern.

Andererseits wird jedoch gleichzeitig gerade dadurch »Vielfalt« in einem immer auch vereinfachenden und vereindeutigenden Verständnis, konstruiert:

- Mit der Bezugnahme auf Kategorien beziehungsweise Kategorisierungen werden immer auch Vorstellungen von Gleichförmigkeit, oder vermeintlicher Einheit einer ›Gruppe‹ transportiert (*die* Frauen, *die* Männer, *die* Senior*innen).
- Gleichzeitig werden (stereotypisierende) Zuschreibungen und Stigmatisierungen aufgerufen, wiederholt und auch verfestigt.
- Unterschiede und Pluralität *innerhalb* einer derart konstruierten ›Gruppe‹ (Kategorie), ebenso wie mehrdimensionale Diskriminierung werden damit meist ausgeblendet.
- Mit der Benennung von Kategorien geht auch die Gefahr einer »Vereigenschaftlichung« (Bendl 2012) – z. B. von ›Geschlecht‹ oder ›Alter‹ – einher, also einer Essentialisierung und Naturalisierung: Stereotype Zuschreibungen werden, im Versuch, Maßnahmen zu begründen, als ›natürliche‹ Eigenschaften behauptet und kommuniziert (Mädchen*, Jungen*, Senior*innen, arme Menschen, u. a. *sind* demnach z. B. sensibel, schwach oder aggressiv und benötigen nur *deshalb* bestimmte, auf derartige vorgebliche ›Defizite‹ ausgerichtete Angebote).

In diesem Zusammenhang laufen auch Konzepte, die im Kontext von Diversity-Strategien umgesetzt werden, immer wieder Gefahr, Stereotype und Zuschreibungen zu verstärken statt abzubauen. So ruft z. B. das Konzept »*mixed leadership*«, welches auf gleiche Verteilung und Zusammenarbeit von Männern* und Frauen* in Führungspositionen abzielt, gleichzeitig geschlechterstereotype Vorstellungen unterschiedlicher »männlicher« bzw. »weiblicher« (Führungs-)Eigenschaften auf. Zudem wird damit die Pluralität der Geschlechter ausgeblendet. Diskriminierende Zuschreibungen und auch Ausschlüsse werden auf diese Weise also eher verfestigt.

DIVERSITY/ANTIDISKRIMINIERUNG – DILEMMA DER DIFFERENZ

Diversity-Ansätze befinden sich in Zusammenhang mit der Benennung von (Diskriminierungs-)*Kategorien* immer auch in einem *Dilemma*:

- Kategorisierungen sind einerseits zur Benennung von Ungleichbehandlung notwendig.
- Mit dem Benennen von Kategorisierungen werden diese jedoch gleichzeitig reproduziert sowie auch naturalisiert (als ›natürlich‹ dargestellt und auch wahrgenommen) und dadurch auch verfestigt. Menschen werden auf diese Weise auf bestimmte stereotype Zuschreibungen festgelegt.
- Der kritische Blick auf Kategorisierungen selbst, also auf Unterscheidungen, auf die Ungleichbehandlung sich legitimierend beruft, wird damit erschwert. Ein Dilemma, das z. B. auch bei kritischen Reaktionen auf die Einführung von Quotenregelungen und anderen nachteilsausgleichenden Maßnahmen häufig zu beobachten ist.

Das Problem der Naturalisierung und Reproduktion von Differenzkategorien zeigt sich deutlich auch daran, dass in vielen Texten oder Materialien zum Thema *Diversity* auch immer wieder von (*Diversi-*

ty-)›*Merkmalen*‹ gesprochen wird, wo es eigentlich um Kategorisierungen sozialer Ungleichheit, bzw. um *Diskriminierungs*dimensionen geht.

Die in Antidiskriminierungsgesetzen definierten Kategorien »Geschlecht«, sogenannte »ethnische Herkunft«, »Alter«, »soziale Herkunft«, »Religion und Weltanschauung«, »sexuelle Identität« und »Behinderung« bezeichnen keinesfalls etwa ›natürlich vorhandene‹ ›Merkmale‹ von Personen, sondern machtvolle gesellschaftliche Unterscheidungen und Strukturen. Es geht nicht um ›Gruppen'-Zugehörigkeiten, die etwa ‚natürlich‹ oder gewählt sind, sondern es geht um Unterscheidungen und Zuordnungen, die im Rahmen historischer Macht- bzw. Dominanzverhältnisse hervorgebracht wurden, aber zugleich in hohem Maß realitätswirksam sind. Das heißt, sie strukturieren wirkmächtig gesellschaftliche Realität und die Lebenswirklichkeit von Menschen.

DIVERSITY MACHTKRITISCH – UNTERSCHEIDUNGEN, DIE EINEN UNTERSCHIED MACHEN

Machtverhältnisse spiegeln und wiederholen sich in alltäglichen Kommunikations- und Interaktionsprozessen. Sie sind Teil alltäglichen Wahrnehmens, Sprechens, Kommunizierens und sind im Sprachhandeln – als machtvolle Zuordnungen (häufig ohne als solche bemerkt zu werden) – präsent. Sie strukturieren »Wirklichkeit« und (re-)produzieren machtvolle Unterscheidungen, die wiederum »Wirklichkeit« konstruieren und festschreiben. Dementsprechend ist die Aufmerksamkeit für das Aufrufen von Kategorisierungen und den mit ihnen getroffenen Unterscheidungen ein zentraler Baustein einer *diversity*reflektierten, machtkritischen Praxis – sowohl in Zusammenhang mit *Diversity*-Strategien als auch in der Beratungsarbeit.

Vor allem in systemischen Ansätzen der Beratung (vgl. https://systemische-gesellschaft.de [20.07.2021]) wird ganz explizit auf die

Idee von Unterscheidungen, als Wahrnehmung und Kommunikation strukturierend, rekurriert. In einem systemischen – aus der Kybernetik abgeleiteten – Verständnis sind Unterscheidungen zunächst Informationen, die ausgewählt, die als Unterscheidungen getroffen werden, um etwas zu kommunizieren: »[...] *the elementary unit of information – is a difference which makes a difference* [...].« (Bateson 1992 [1981], S. 582; vgl. ders. 2000 [1970], S. 452–469)

Was kommuniziert wird, sind also Unterscheidungen – die *»einen Unterschied machen«*, die aber auch immer schon Deutungen sind. Unterscheidungen bilden die Basis für Kommunikation und Interaktion – Informationen sind immer auch Deutungen und lösen bei denen, die sie empfangen, neue Deutungen (und Unterscheidungen) aus. Unterscheidungen sind daher auch für die beraterische Arbeit relevant: Mit ihnen wird in der Beratung laufend gearbeitet, Unterscheidungen werden hinterfragt, es werden Unterschiede erfragt, die wiederum einen Unterschied machen – und die so auch Perspektiven erweitern können.

»Informationen«, also Entscheidungen für bestimmte, als relevant erachtete Unterscheidungen, bilden die Grundlage für Denk- und Wahrnehmungsprozesse – und dienen gleichzeitig alltäglich der Orientierung, Strukturierung und der notwendigen Komplexitätsreduktion. Gleichzeitig sind nicht alle Unterscheidungen, die alltäglich getroffen werden, »gleich«. Bestimmte Unterscheidungen (nach bestimmten Unterscheidungskriterien) werden – meist unbemerkt und wie selbstverständlich – als relevant bzw. als relevanter als andere gesetzt und behauptet (z. B. Zuordnungen von Menschen zu Alters- oder Geschlechter-›Gruppen‹ bzw. -Kategorien. So ist bei einer Entbindung die erste Information z. B., es »ist« ein »Mädchen«, oder in einem anderen Zusammenhang wird von einem »Jugendlichen mit Migrationshintergrund« gesprochen. Personen werden scheinbar selbstverständlich als »jung«, »alt«, »jüdisch«, »muslimisch«, o. a. markiert, also definiert über ein bestimmtes Unterscheidungskriterium wahrgenommen – und damit unterschieden.

Gesellschaftlich dominante Vorstellungen und Bewertungen, Ordnungskategorien und Normierungen (Machtverhältnisse) prägen also über sprachliche Unterscheidungen unsere Wahrnehmung, unser Denken und Handeln. Sie werden tagtäglich aufgerufen, erscheinen dadurch ›normal‹ und ›natürlich‹ und prägen auf diese Weise wirkmächtig »Wirklichkeit«.

REFLEXIONSFRAGEN ANHAND VON BEISPIELEN

- Weshalb benenne ich z. B. eine Person als »die Person *im Rollstuhl*« statt beispielsweise als »die Person im roten Pullover«? Welches »Kriterium« ist dominant bzw. wird relevant gemacht? Was bewirkt dies? Was wird von der Person wahrgenommen? Was tritt in den Hintergrund?
- Wofür/weshalb wird zwischen »FRAUEN« und »MÄNNERN« unterschieden? Worum geht es *eigentlich* (z. B. welche Führungskompetenzen sind für welche Ziele gefragt? Welches Interesse steht *eigentlich* dahinter, diese als »weiblich« oder »männlich« zu etikettieren?)?
- Weshalb wird die Kategorisierung »mit *Migrationshintergrund*« benutzt? Wofür steht diese? Was soll unterschieden werden und mit welchem Ziel (Geht es um Sprachen, oder um erschwerten Zugang zu Bildungsinstitutionen? Vgl. → Kapitel »Dominanz- und Machtverhältnisse«, *Rassisierung*)? Welche Zuschreibungen transportiert der Begriff? Weshalb/wofür ist die Unterscheidung in der konkreten Situation überhaupt notwendig?
- Weshalb wird benannt, dass eine Klientin ein *Kopftuch* trägt? (Ist ihr Glaube relevant für das Thema/die Fallbesprechung? Geht es um die Benennung eigener Zuschreibungen, möglicherweise Vorurteile?) Welchen Unterschied macht diese Information?

BINÄRE UNTERSCHEIDUNGEN, HIERARCHISIERUNG UND MACHT

Differenz- bzw. Unterscheidungskategorien – die meist wie selbstverständlich verwendet werden – sind in der Regel binär, als Gegensatzpaare und zugleich hierarchisch strukturiert. Sie folgen einer Entweder/Oder-Logik wie z.B. in »*krank/gesund*«, »*männlich/weiblich*«, »*deutsch/›migrantisch‹*«, »*reich/arm*«, oder »*jung/alt*« und sind mit historisch und gesellschaftlich tief verwurzelten Stereotypen und Bewertungen (Auf-, oder aber Abwertungen) verknüpft. Sie sind damit immer auch verbunden mit machtvollen, ebenso binär strukturierten, wertenden und hierarchisierenden Zuschreibungen, wie z.B. »*gut/schlecht*,« »*stark/schwach*«, »*normal/abweichend*«, »*oben/unten*«.

Niklas Luhmann spricht in diesem Sinn von einer »*Asymmetrie der Begriffsbildung*«: »*Anscheinend gibt es Gründe, Unterscheidungen nicht völlig seitenneutral zu handhaben, sondern durch eine leichte Präferenz für die eine Seite zu markieren. Man denke an berühmte Fälle wie: Subjekt/Objekt, Figur/Grund, Zeichen/Bezeichnetes, Text/Kontext, System/Umwelt, Herr/Knecht.*« (Luhmann 1988, S. 48)

Der positiv gewertete bzw. hierarchisch übergeordnete Pol der Unterscheidung wird damit zur Norm, der andere zu dessen Negativ, zur ›Abweichung‹. Es bilden sich Gesellschaft strukturierende Normen ab – wie z.B. Heterosexualität als Norm, *weiß*-Sein als Norm, Zweigeschlechtlichkeit als Norm, Männlichkeit als Norm, als leistungsfähig definierte Körper als Norm – die Zugang zu Ressourcen und Teilhabe ermöglichen, bzw. andererseits erschweren oder auch unmöglich machen. Paul Mecheril bezeichnet gesellschaftliche Machtverhältnisse in diesem Sinn auch als »*Differenzordnungen*« (Mecheril 2008, S. 63–67).

Mit der alltäglichen und wie selbstverständlichen Verwendung und Wiederholung *erscheinen hierarchisierende Unterscheidungen als ›normal‹ und ›natürlich‹* und werden so – alltäglich aufs Neue und meist unbewusst – als Ausdruck gesellschaftlicher Machtverhältnisse bzw. Differenzordnungen in gesellschaftlichen Strukturen und sozialen Praxen reproduziert (vgl. Hall 2000; West/Fenstermaker 1995).

Sie sind somit stets gesellschaftlich wirkmächtig und werden daher auch in der Beratungspraxis z. B. Teil von Hypothesenbildungen, von Schilderungen zu Fallbeispielen und deren Interpretationen, von Deutungen zu Interaktionen, Wahrnehmungen von Teamkonstellationen u. a.

Dies wird z. B. deutlich, wenn:

- für eine bestimmte Fallkonstellation eine »männliche« bzw. eine »weibliche« Person als pädagogische Fachkraft favorisiert wird.
- ein »Mann« im Team gesucht wird – oder bestimmte Arten zu arbeiten als »männlich« oder als »weiblich« thematisiert bzw. behauptet werden.
- Menschen »mit Migrationshintergrund« aufgrund dieser Zuordnung eine besondere Qualifiziertheit für die Arbeit mit bestimmten (ähnlich zugeordneten) Zielgruppen zugeschrieben wird.
- aufgrund stereotyper Zuordnung einer Person z. B. auf deren Lebensweise, familiäre Zusammenhänge, Interessen geschlossen wird.

Mit diesen Zuordnungen und Zuweisungen werden also meist zugleich bestimmte, als ›natürlich‹ angenommene Eigenschaften stereotyp unterstellt und erwartet. Gleichzeitig bleibt deren hierarchisierender Charakter in der Regel unbewusst (wie z. B. eine historisch tradierte Abwertung von »Weiblichkeit« bzw. von als »weiblich« definierter Kompetenzen und Eigenschaften, oder auch zahlreiche rassistisch oder klassistisch konnotierte Zuschreibungen (vgl. vertiefend → Kapitel »Dominanz- und Machtverhältnisse«). Wahrnehmungen und Perspektiven sind dadurch begrenzt – und sie sind diskriminierend, indem sie, verbunden mit hierarchisierenden Vorstellungen, Menschen gewaltvoll zuordnen.

MACHTKRITISCHE DEKONSTRUKTION

De-konstruktion – als ein von Jacques Derrida entwickeltes Analyseverfahren (Derrida 1983), das auf das *Offenlegen der Konstruktion*

(z. B. binärer Unterscheidungen und darauf basierender Wertesysteme) und deren Entstehungs- und Wirkungsdimensionen ausgerichtet ist – ermöglicht eine machtkritische Reflexion von Differenzkonstruktionen und von gesellschaftlichen Machtstrukturen, die sich in der Sprache abbilden.

Auch systemische Beratungsansätze beziehen sich auf kritische Reflexionen von Machtwirkungen und die Rolle von Sprache für die Konstruktion von Wirklichkeit(en) (Schlippe/Schweitzer 2016, S. 126), was durchaus als Ansatzpunkt für eine mögliche machtkritische Erweiterung genützt werden kann.

Eine solche Erweiterung systemischer Ansätze beinhaltet für die Beratungspraxis eine grundsätzliche Aufmerksamkeit auf hierarchisierende binäre Unterscheidungen: Was wird sprachlich unterschieden? Und welche hierarchisierenden Zuweisungen (Gegenpole) werden aufgerufen? Auf welche machtvollen (tradierten) Differenzkonstruktionen wird Bezug genommen? Wie sind diese de-konstruierbar? (Zu Konstruktion und De-konstruktion unterschiedlicher Differenzordnungen/Machtverhältnisse siehe → Kapitel »Dominanz- und Machtverhältnisse«).

Dekonstruktion als Praxis stellt so immer auch eine kritische Distanz zum Alltagswissen, zu verinnerlichten ›Gewissheiten‹ und ›Selbstverständlichkeiten‹ her. Insofern ist sie, indem sie machtkritisch infrage stellt, auch eine Praxis, die durchaus Auseinandersetzungen und auch Konflikte auslöst. Dekonstruktion berührt immer auch tief verankerte, gesellschaftlich/diskursiv bestätigte Überzeugungen, sowie normative und ethische Grundsätze. Als Kritik von Machtstrukturen, binärer Logik und Prozessen der Marginalisierung bietet sie eine wichtige Basis für das Denken und Ermöglichen von Inklusion und gleichberechtigter Teilhabe aller – sowohl bezogen auf die Reflexionsprozesse in der Beratung als auch auf die Arbeitszusammenhänge der zu beratenden Menschen, Teams und Organisationen.

DEKONSTRUKTION ALS MACHTKRITISCHE INTERVENTION

bedeutet in der Beratungspraxis

- binäre Differenzkonstruktionen und deren Verknüpfung mit Wertungen und Hierarchisierungen wahrzunehmen, kritisch zu reflektieren und zu thematisieren.
- eine Erweiterung systemisch-konstruktivistischer Ansätze um eine machtkritische Herangehensweise und um das machtkritische Reflektieren verwendeter Kategorisierungen (s. u.).
- eine ethisch fundierte (sexismus-, rassismus-, klassismuskritische) Haltung mit Bezug auf Konzepte sozialer Gerechtigkeit und Inklusion.

REFLEXIONSFRAGEN ZU DEKONSTRUKTION ALS PRAXIS

- Welche Unterscheidung, welche Normierung und welcher »Gegenpol« wird mit einem Begriff, einer Bezeichnung (z. B. »weiblich« oder »männlich«, »die Person im Rollstuhl«, oder »Migrationshintergrund«) aufgerufen?
- Welche anderen Positionen bleiben in dieser binären Unterscheidung unbenannt?
- Was bedeutet dies für die Wahrnehmung, für das Denkmögliche?
- Was bedeutet dies für damit abgewertete oder unberücksichtigte Positionen/Perspektiven?
- Wem dient und was ermöglicht oder bestärkt die betreffende Unterscheidung?
- Was verhindert die betreffende Unterscheidung?
- Was soll *eigentlich* in der Situation benannt werden? Welche Information ist *eigentlich* relevant?
- Ist an dieser Stelle überhaupt eine Unterscheidung notwendig/sinnvoll?

- Welcher Begriff könnte eher benennen, worum es *eigentlich* gehen soll?
- Für wen wirken benannte Unterscheidungen als machtvolle Zuweisungen? Für wen werden damit alltäglich erlebte Zuschreibungen wiederholt?

DIVERSITY ALS KONFLIKTHAFTER PROZESS

Erst die vielfachen und langen Kämpfe u. a. der Frauenrechtsbewegungen, der Bewegungen Schwarzer Menschen und *People of Color*, der Arbeiter*innenbewegungen, der Behindertenrechtsbewegungen, der LGBTIQ*-, der feministischen und queeren Bewegungen, und vieler weiterer Menschenrechtsbewegungen bewirkten (und bewirken) gesellschaftliche Aufmerksamkeit für bestehende Ungleichbehandlung und damit für *Diversity*-Fragen. Nach wie vor sind Themen, bei denen es um Gleichberechtigung, Gleichbehandlung und Chancengleichheit sowie um die Anerkennung diskriminierender, ausschließender Strukturen geht, häufig heftig umkämpft. Gesellschaftliche Diskurse sind dabei vielfach konflikthaft und von Abwehrreaktionen geprägt. *Diversity* wird zwar einerseits mehr thematisiert und wahrgenommen – genau dies löst jedoch gleichzeitig oft Verunsicherung und Abwehr aus, häufig begleitet von Reaktionen der Abgrenzung/Grenzziehung, Abwertung und Diskreditierung. Angestoßene Themen, Forderungen und Veränderungen, die für viele Menschen wichtige Aspekte einer inklusiven Gesellschaft bedeuten – wie zum Beispiel geschlechtergerechte und diskriminierungskritische Sprache, Kritik an rassistisch konnotierten Begriffen oder Forderungen nach Änderung kolonialistischer Straßennamen – werden vielfach als ›übertrieben‹ abgewehrt und abgewertet.

Auch in Kommunikations- und Interaktionsprozessen in Beratungskontexten und Beratungssettings können sich diese Konflikte und Auseinandersetzungen bzw. Dominanz- und Machtdynamiken wiederholen, wenn *Diversity* und (Anti-)Diskriminierung thematisiert werden. Um in diesem Zusammenhang Prozesse nach Möglichkeit für alle gleichberechtigt und anerkennend zu gestalten und zu moderieren, ist daher Wissen zu diesen Dynamiken und deren Zusammenhang mit gesellschaftlichen Machtstrukturen hilfreich und notwendig.

MACHTDYNAMIKEN UND DEREN WIEDERHOLUNG

Da Menschen unterschiedlich durch gesellschaftliche Machtverhältnisse geprägt und in diesen sozialisiert sind, gesellschaftlich unterschiedlich positioniert sind und entsprechend diesen Positioniertheiten benachteiligt, ausgeschlossen, oder aber bevorteilt und eingeschlossen werden, machen Menschen in diesem Zusammenhang auch fundamental unterschiedliche Erfahrungen.

- Menschen, die der Mehrheitsgesellschaft bzw. einer gesellschaftlich dominierenden Gruppe angehören, kennen Erfahrungen struktureller Unterdrückung, Abwertung und Ausgrenzung nicht (selbst) und gehen von Zugangsmöglichkeiten als relativer ›Normalität‹ aus.
- Sie wissen wenig über die Lebensrealität strukturell ausgegrenzter, benachteiligter Menschen. und über die alltäglichen Zumutungen und Gewalterfahrungen, denen diese ausgesetzt sind. Sie müssen diese nicht wahrnehmen, sondern können sie ignorieren.
- Die Beschäftigung mit *Diversity* mag aus dieser privilegierten Perspektive daher häufig auch als überbewertet, übertrieben, als nicht so wichtig (wie andere Dinge) erscheinen.

Die Konfrontation damit, dass Diskriminierung existiert, löst bei Menschen, die wenig oder gar keine Diskriminierungserfahrungen machen, in der Regel starke Verunsicherung und Abwehr aus, insbesondere die Konfrontation mit eigenem diskriminierendem Handeln z.B. durch Hinweise auf die Verwendung diskriminierender

Sprache, oder auf als diskriminierend erlebtes Verhalten. Zentrale (Selbst-)Gewissheiten werden damit erschüttert, die die bisherige Selbstwahrnehmung und Identität betreffen. Denn es geht um die Erkenntnis

- selbst in gesellschaftliche Macht- und Diskriminierungsverhältnisse verstrickt zu sein – und damit um die Erschütterung von Selbstgewissheiten wie z. B. der Annahme, wer selbst gegen Diskriminierung sei, könne daher auch automatisch nicht an ihrer Existenz beteiligt sein,
- selbst Teil von Diskriminierungsverhältnissen zu sein und auch von ihnen zu profitieren (dadurch Vorteile zu haben), also das Erkennen der eigenen (bislang nicht bewussten, sondern als ›selbstverständlich‹ empfundenen) Machtposition,
- der Wirkmächtigkeit gesellschaftlich dominanten Wissens, dominanter Perspektiven und Normen – und der eigenen Prägung durch diese
- und es geht um Fragen der Legitimation von Positionen, um Macht(um)verteilung und perspektivisch um das Wahrnehmen/Übernehmen von Verantwortung.

Bei mehrheitszugehörigen Menschen löst die Konfrontation mit ihrer Rolle in Machtstrukturen Irritation, Verunsicherung, Angst und Scham – und damit verbunden Reaktionen der Abwehr und Verdrängung aus. Diese spezifische Form der Abwehr wird auch als *»privilegierter Widerstand«* (vgl. Hornstein 2016, S. 15; Okun 2010) bezeichnet. Wir schlagen die Bezeichnung »privilegierte Abwehr« vor, um diese Form positionierter Reaktion von diskriminierungserfahrenen, emanzipatorischen Widerstandsformen zu unterscheiden.

PRIVILEGIERTE ABWEHR (»PRIVILEGIERTER WIDERSTAND«)

Mit dem Konzept des »privilegierten Widerstands« beschreibt Tema Jon Okun Verleugnung und Abwehr *weißer* Menschen, die bei der Konfrontation mit Rassismus und dem eigenen Involviert-Sein in Diskriminierungsstrukturen (in diesem Fall rassistische Gesellschaftsstrukturen) entstehen.

Privilegierte Abwehr lässt sich nicht nur in Bezug auf Rassismus, sondern auch in Bezug auf andere Macht- und Dominanzverhältnisse beobachten.

Privilegierte Abwehr ist eine »gelernte Antwort« für den Moment, in dem eine Konfrontation damit stattfindet, dass es Diskriminierungsstrukturen wie z. B. Rassismus gibt, »*wenn es also unmöglich wird, so zu tun, als würde Rassismus keine Rolle spielen*« (Hornstein 2016, S. 18).

Für Menschen, für die Diskriminierungserfahrungen zu ihrem Alltag gehören, bedeutet die Konfrontation mit privilegierter Abwehr mehrheitsangehöriger Personen oft eine Wiederholung von (struktureller) Ausgrenzung, Abwertung und von Nicht-Wahrgenommen-werden. Das Einfordern der Anerkennung marginalisierter Perspektiven, benannter Diskriminierungserfahrungen und der Realität gesellschaftlicher Diskriminierungsstrukturen bedeutet eine kontinuierliche Kraftanstrengung. Für Menschen, die Diskriminierung erleben und die Diskriminierungsrisiken ausgesetzt sind, ist dies oft erschöpfend und mit dem Gefühl verbunden, »gegen Mauern zu laufen«; gegen Mauern, die viele andere Personen nicht spüren (Ahmed 2018, vgl. → Kapitel »Diskriminierung und Diskriminierungskritik«).

Gleichzeitig sind auch Beratungskontexte und Beratungssettings nach wie vor mehrheitsgesellschaftlich geprägt und dominiert. In ihnen spiegeln sich die auch in der Arbeitswelt wirksamen gesellschaftlichen Machtverhältnisse wider und auch die Mehrzahl beratender Personen in europäischen Mehrheitsgesellschaften ist mehrheitsgesellschaftlich geprägt. Entsprechend werden dadurch Machtdynamiken auch potenziell verstärkt.

Machtdynamiken werden jedoch – gerade auch in Beratungskontexten – vor allem dann reproduziert bzw. wiederholt, wenn Diskriminierungserfahrungen nicht anerkannt werden, wenn z. B. dominanten Perspektiven deutlich mehr Raum gegeben wird (Nguyen 2019), oder die Auseinandersetzung sich vorrangig mit privilegierten Abwehrmechanismen befasst. Sie wiederholen sich insbesondere auch dann, wenn keine klare Positionierung im Hinblick auf strukturelle Machtverhältnisse und auf Diskriminierung seitens der beratenden Personen erfolgt.

MACHTKRITISCHE BERATERISCHE HALTUNG

In Beratungsprozessen spielen die Themen *Diversity* und (Anti-)Diskriminierung – unabhängig davon, ob diese im Auftrag explizit benannt werden und Prozesse explizit darauf fokussieren – immer eine Rolle. Gesellschaftliche Machtverhältnisse und Diskurse sind stets auch im Beratungsraum präsent. Perspektiven auf *Diversity* und auf Diskriminierung kommen unterschiedlich zum Ausdruck und sind auf unterschiedliche Weise relevant, je nachdem, wie sie in der Arbeit, im Team oder in der Organisation verhandelt werden, wie sie individuell wahrgenommen werden (können), ob Konflikte in diesem Zusammenhang auftreten, oder z. B. sexistische, rassistische Stereotype und Verhaltensweisen (unbewusst) reproduziert und thematisiert werden.

Menschen wie auch Interaktionen sind dabei grundsätzlich stets auf vielschichtige Weise in komplexen gesellschaftlichen Machtverhältnissen verortet und in diese verstrickt (vgl. → Kapitel »Dominanz- und Machtverhältnisse«, *Intersektionale Machtverhältnisse*).

»Kein Mensch ist pauschal entweder machtvoll oder machtlos, denn alle Menschen sind gleichzeitig einer Vielzahl und Vielfalt von Gruppen zugehörig und verfügen somit kontextabhängig über mehr oder weniger Machtzugang und Handlungsspielräume.« (Rosenstreich 2018, S. 9)

Es geht also nicht darum, einem Entweder/Oder-Schema folgend, Menschen als entweder mehrheitszugehörig (privilegiert) oder als marginalisiert (diskriminiert) wahrzunehmen. Vielmehr geht es immer darum, die konkrete Situation, die konkrete Interaktion, die konkreten Diskriminierungs- und Machtverhältnisse wahrzunehmen, zu analysieren und entsprechend zu bearbeiten.

ANFORDERUNGEN AN DIE BEARBEITUNG

- *Fokus*: Menschenrechte, Gleichberechtigung und Gleichbehandlung als übergeordnete Ziele.
  Weshalb lohnt sich die Auseinandersetzung?
  Wofür ist sie wichtig (normativer, ethischer Bezug)?
- *Transparenz* der eigenen Haltung für alle Beteiligten; jede Person entscheidet für sich, trägt Verantwortung für das eigene Handeln.
- *Metaebene*: Verständnis gesellschaftlicher Machtverhältnisse und deren struktureller Wirkungen (Internalisierung und unbewusste Reproduktion dominanter Wissensstrukturen).
- Individuelle Verantwortung, nicht individuelle ›Schuld‹ (s. o.)
- *Metakommunikation*: »*Vielfalt braucht Metakommunikation*« (Vater 2004, S. 8) – also das Sprechen *über* den Prozess, über die Prozessdynamik als machtkritische Form der Bearbeitung auftretender Reaktionen und Gefühle (z. B. Abwehr, Angst, Schuld, Scham, Wut, oder Ohnmacht – s. o.), deren entsprechende Einordnung und empathische Würdigung.
- *Machtkritik im Prozess*: Dominantes Auftreten und raumgreifendes Verhalten als privilegierte Abwehrreaktionen angemessen begrenzen, um Diskriminierung und Machtverhältnisse nicht auf Kosten weiterer beteiligter Personen zu wiederholen (vgl. → Kapitel »Diskriminierung und Diskriminierungskritik« und → Kapitel »Diversity_ – machtkritische professionelle Prozessbegleitung«).

PROZESSVERANTWORTUNG UND MACHTKRITIK

Machtkritisch Verantwortung für den Prozess zu übernehmen bedeutet für beratende Personen grundsätzlich, unterschiedliche Verortungen von Menschen in Machtverhältnissen wahrzunehmen und anzuerkennen – und vor allem die damit verbundenen unterschiedlichen Anforderungen an mögliche Lernprozesse zu berücksichtigen:

- Für Menschen, die strukturelle *Diskriminierungserfahrungen* machen, geht es darum, Prozesse nach Möglichkeit so zu gestalten, dass sie *Empowerment* (Selbstermächtigung) ermöglichen, wenn es um Auseinandersetzungen zu Rassismus, Sexismus, Ableismus, Klassismus o.a. Diskriminierungsstrukturen geht. Diskriminierungserfahrungen sind als solche grundsätzlich anzuerkennen, deren Wiederholung (sekundäre Diskriminierung) nach Möglichkeit zu vermeiden. Dazu gehört auch, die Verantwortung, diese zu »erklären«, nicht an die Personen zu »delegieren«, die sie erleben (Prozessverantwortung der beratenden Person vgl. → Kapitel »Diskriminierung und Diskriminierungskritik«, *sekundäre Diskriminierung*; → Kapitel »Diversity_ – machtkritische professionelle Prozessbegleitung«).
- Für *strukturell privilegierte* Menschen (z.B. *weiße* Menschen) geht es um die Integration des eigenen Privilegiertseins (z.B. *weiß*seins) in das eigene Selbstkonzept (vgl. Okun 2010; Boger/Simon 2016; Kilomba 2008).

  Der Prozess dieser Auseinandersetzung ist stets mit verschiedenen Phasen der Abwehr und der Verleugnung (in Form von zum Beispiel Rationalisierung, Relativierung, Ignorieren, Ausweichen, *Blaming-the-Victim*) verbunden (vgl. Okun 2012).

  Für mehrheitszugehörige, privilegierte Positionen geht es hier darum, eigene internalisierte und selbstverständlich erscheinende Dominanzstrukturen zu erkennen, diese zu reflektieren und zu benennen.

  Auf dieser Basis wird es möglich, Verantwortung für eigenes Handeln (es geht nicht um Schuld!) zu übernehmen. Das bedeutet konkret, entsprechende Entscheidungen zu treffen, wie z. B. nachzufragen, sich zu entschuldigen, Kritik anzunehmen, Selbstkritik zuzulassen, eigene Vorteile (Privilegien) für eine machtkritische Veränderung zu nutzen, sich zurückzunehmen, Macht abzugeben bzw. zu teilen (hierzu und zu weiteren Konzepten wie Umgang mit Diskriminierung, Umgang mit Fehlbarkeiten, solidarische Kritik und privilegierte Abwehr vertiefend → Kapitel »Diskriminierung und Diskriminierungskritik« und → Kapitel »Diversity_ – machtkritische professionelle Prozessbegleitung«).

Auch die *Klient*innen-Berater*innen-Beziehungen* konstituieren sich nicht losgelöst von gesellschaftlichen Machtverhältnissen, auch hier treffen Menschen aufeinander, die immer auch unterschiedliche, durch Machtverhältnisse geprägte Erfahrungen machen. Seitens der Personen, die Beratung in Anspruch nehmen, werden Perspektiven und Positionen unterschiedlich vertrauensvoll, vorsichtig, oder auch gar nicht (mit-)geteilt – abhängig davon, wie die beratende Person erlebt und wahrgenommen wird, wie diese *Diversity*, Pluralität und Machtdynamiken wahrnimmt, thematisiert und (selbst-) kritisch reflektiert.

Auch für die beraterische Haltung gilt, was die afroamerikanische Feministin Pat Parker als Herausforderung für Freundschaft, für Kontakt und Beziehung benennt: »*Vergiss, dass ich Schwarz bin – Vergiss niemals, dass ich Schwarz bin.*« (»*The first thing you do is to forget that I'm black. Second, you must never forget that I'm black.*«) (Parker 1978, S. 28; Übers. nach Bartels 2015, S. 13).

Für Menschen, die bestimmte Diskriminierungsformen selbst nicht erleben, die diese selbst nicht kennen, die gesellschaftlich von ihnen profitieren, bedeutet dies, sich auf dieses Spannungsverhältnis einzulassen und sich kritisch zu reflektieren. Gesellschaftliche Machtverhältnisse wirken unweigerlich immer auch in Beziehungen. Erst wenn Differenz thematisiert werden kann und wenn die durch sie hervorgebrachten Unterschiede bzw. Unterscheidungen

vor spezifischen Formen der Diskriminierung formuliert: 1965 die Konvention gegen rassistische Diskriminierung (ICERD) und 1979 die Konvention zur Beseitigung der Diskriminierung von Frauen (CEDAW), sowie später u.a. zum Schutz der Rechte von Kindern (Kinderrechtskonvention 1989) und zum Schutz der Rechte behinderter Menschen (Behindertenrechtskonvention 2008).

* Der Originaltext verwendet noch den im Text oben ausgelassenen Begriff »Rasse«, der inzwischen auf Drängen von Menschenrechtsinitiativen zunehmend aus Gesetzestexten gestrichen und durch die präzisere Benennung »rassistische Diskriminierung« ersetzt wird (vgl. dazu die »diskriminierungssensibel überarbeitete« deutsche Übersetzung von Amnesty International 2019).

Die Menschenrechtskonventionen fordern unter anderem Maßnahmen, die den Abbau von Stereotypen beinhalten und sie fokussieren auf gesellschaftliche Machtverhältnisse und deren Veränderung durch eine Veränderung von Strukturen. In Hinblick auf diese Ziele sind rechtliche Grundlagen, Schutzrechte aber auch Präventionsmaßnahmen sowie positive Maßnahmen zum Nachteilsausgleich und Maßnahmen der Menschenrechtsbildung verankert.

Vor allem die Verankerung von Partizipation und von Inklusion als Menschenrechte im Rahmen der Kinderrechtskonvention und der Konvention zum Schutz der Rechte behinderter Menschen bedeuten einen zentralen Paradigmenwechsel für viele (sozial-)politische, rechtliche und bildungspolitische Kontexte – und somit auch für *Diversity*-Ansätze und deren Gestaltung und Ausrichtung.

PARTIZIPATION UND INKLUSION ALS MENSCHENRECHTE

Beteiligungsrechte sind in unterschiedlichen UN-Konventionen explizit benannt, etwa in der Frauenrechtskonvention sowie auch in der Kinderrechtskonvention.

Dies bedeutet eine bewusste (weitere) Stärkung marginalisierter Positionen und Perspektiven sowie deren Mitbestimmung und *Partizipation*. Dementsprechend waren z. B. bei der Erarbeitung der Behindertenrechtskonvention Vertreter*innen von Selbstorganisationen (in weiten Teilen) bereits aktiv beteiligt.

Mit der Verankerung von *Inklusion* als Menschenrecht wird der Fokus auf strukturelle Veränderung zudem weiter gestärkt. Der Ansatz der Inklusion ist darauf ausgerichtet, allen Menschen zu ermöglichen, sich in gesellschaftlichen und institutionellen Strukturen *unbehindert* zu bewegen.

- Inklusion beinhaltet eine kontinuierliche *Auseinandersetzung mit der Konstruktion von ›Normalität‹*, daraus resultierenden Normen und Barrieren.

Verbunden mit dem Ansatz der Inklusion ist auch ein Paradigmenwechsel hin zu einem strukturellen Verständnis von Be-Hinderung: Menschen *sind* nicht behindert, sondern sie *werden* behindert (vgl. → Kapitel »Dominanz- und Machtverhältnisse«).

»In der Behindertenrechtskonvention geht es nicht mehr um die ›Integration‹ von ›Ausgegrenzten‹, sondern darum, von vornherein allen Menschen die uneingeschränkte Teilnahme an allen Aktivitäten möglich zu machen. […] Bereits bei der Entstehung der Behindertenrechtskonvention sind die Betroffenen durch Vertreter beteiligt gewesen. Doch für die offizielle Übersetzung, die gemeinsam für Deutschland, Österreich, Schweiz und Liechtenstein erfolgte, ist der Teilhabe-Gedanke vernachlässigt worden: Die behinderten Menschen sind an der Umsetzung der Übersetzung in die deutsche Sprache nicht beteiligt worden. Da ihrer Meinung nach u. a. der englische Begriff ›inclusion‹ falsch mit ›Integration‹ übersetzt worden ist, kam es letzten Endes zu einer sogenannten ›Schattenübersetzung‹.« (Behindertenrechtskonvention 2007)

> ZENTRALE REFLEXIONSFRAGE – INKLUSION ALS PRAXIS
>
> Bezogen auf *Diversity*-Strategien – und übertragbar auf alle gesellschaftlichen Machtverhältnisse und Diskriminierungsstrukturen – kann daraus ein grundsätzlicher Paradigmen- bzw. *Perspektivwechsel* abgeleitet werden:
>
> - Wie müssen institutionelle Strukturen und Abläufe gestaltet werden, damit alle Menschen (barrierefrei, das heißt: unbehindert) teilhaben können und selbstverständlich *dazugehören*?

MENSCHENRECHTE, PLURALITÄT UND PROFESSIONALITÄT

Die Durchsetzung der Menschenrechte ist nach wie vor weder gesichert, noch eine Selbstverständlichkeit. Nach wie vor sind sie für viele Menschen weder verwirklicht noch einklagbar. Die Umsetzung und Gewährleistung der Menschenrechte ist und bleibt damit grundsätzlich und weltweit ein Ziel, das weiterhin umkämpft ist und auf das kontinuierlich weiter hingearbeitet werden muss.

Vor allem Personen, die kaum Zugang zu Rechten haben, leben z. B. auch im europäischen und im deutschsprachigen Raum meist ohne die Möglichkeit, Menschenrechte für sich geltend machen zu können. Dazu gehören illegalisierte Menschen, Menschen ohne Papiere und geflüchtete Menschen (je nach Zugang zu asylrechtlichen Verfahren), sowie Menschen, die sich selbst nicht ausreichend artikulieren können (z. B. aufgrund von Krankheit und/oder Beeinträchtigung bzw. Be_hinderung) oder Zugang zu Information verschaffen können.

Auch in und durch Institutionen und Einrichtungen werden häufig Menschenrechte verletzt – wie z. B. in Unterkünften für geflüchtete Menschen, in Einrichtungen der sog. Behindertenhilfe, durch Systeme (und Einrichtungen) für die Vergabe sozialer Transferleistungen sowie in Bildungsinstitutionen.

Die Menschenrechte sind besonders im Hinblick auf Selbstbestimmung und den Schutz sogenannter *vulnerabler Gruppen* – Menschen, die aufgrund einer bestimmten Zuordnung bzw. Zuschreibung, aufgrund stark marginalisierter Positionierung und aufgrund von Abhängigkeitsverhältnissen in besonderem Maß dem Risiko von Diskriminierung und Verletzung ausgesetzt sind – von Bedeutung. Dementsprechend wurden durch die Vereinten Nationen im Rahmen der UN-Dekade für Menschenrechtsbildung explizit Berufe benannt, die hier spezifische Verantwortung tragen. Dazu zählen Berufe mit Kontakt zu besonders vulnerablen Gruppen, bei denen ein höheres Risiko besteht, dass Menschenrechte verletzt werden können (z. B. in den Bereichen Recht und Rechtsprechung, Medizin, Pflege und Betreuung sowie Sicherheitsbehörden), aber auch Berufe, in denen Menschenrechtsbildung eine wichtige Rolle spielt (vor allem Soziale Arbeit, Bildung und Erziehung). Eine institutionalisierte Verankerung der Menschenrechtsbildung wird bislang vor allem im Kontext der Sozialen Arbeit befördert, die auch explizit als »Menschenrechtsprofession« bezeichnet wird (vgl. z. B. den Masterstudiengang *Soziale Arbeit als Menschenrechtsprofession* an der Alice Salomon Hochschule (ASH) Berlin; vgl. Staub- Bernasconi 1995, Prasad 2018).

Beratende Professionen wie Supervision, Coaching, oder Organisationsberatung arbeiten mit den genannten Berufsgruppen und reflektieren in diesem Zusammenhang Arbeitsstrukturen, -bedingungen und Herangehensweisen. Die Menschenrechte bilden dafür ein wesentliches Orientierungssystem und Korrektiv – und sie sind gewissermaßen immer eine zentrale Perspektive, die es zu berücksichtigen gilt. Insofern bilden die Menschenrechte mit den verschiedenen bestehenden Möglichkeiten ihrer Einklagbarkeit auch immer eine entscheidende Grundlage für Handlungsoptionen (vgl. Prasad/Foitzik/Muckenfuss 2020).

MENSCHENRECHTE UND ALLPARTEILICHKEIT ALS HALTUNG

Allparteilichkeit als – vor allem in systemischen Ansätzen zentrales – beraterisches Prinzip kann (und muss) gleichzeitig immer auch mit einer menschenrechtbasierten Haltung und Perspektive verknüpft werden. Meist wird Allparteilichkeit als Verbindung der Aspekte *Neutralität* und *Pluralität* beschrieben (vgl. Ebbecke-Nohlen [2009] 2020, S. 85–97):

Pluralität bezeichnet in diesem Zusammenhang die Offenheit gegenüber den unterschiedlichen Sichtweisen, Wirklichkeitskonstruktionen und Problembeschreibungen der einzelnen (anwesenden und abwesenden) Beteiligten, sowie aller möglicher Optionen, die für das Thema relevant sein können.

Neutralität meint in diesem Zusammenhang den gleichermaßen wertschätzenden Respekt gegenüber allen Beteiligten bzw. Teilnehmenden und eine nicht-wertende Position in Bezug auf den Umgang mit Problemen und Lösungsansätzen.

Im Hinblick auf *Pluralität* bilden die Menschenrechte in jedem Fall einen entscheidenden Referenzpunkt bzw. setzen Grenzen, wenn diese verletzt werden. Wie wird z. B. über die Adressat*innen der Arbeit gesprochen? Welche Bedingungen gelten für diese? Findet Partizipation statt? Wenn Menschenrechte nicht gewahrt, oder z. B. diskriminierende Äußerungen und Sichtweisen (auch nach entsprechenden Impulsen) von einer Person (oder mehreren) nicht reflektiert werden, bedeutet dies, dass auch die *Neutralität* bzw. die nicht-wertende Haltung in Bezug auf den Umgang mit Problemen (nicht aber in Bezug auf die Person!) aufzugeben ist. Entscheidend für den Beratungsprozess ist – besonders an dieser Stelle – eine klare Position in Bezug auf die Menschenrechtperspektive zu beziehen und eine entsprechende Grenze zu formulieren (vgl. Systemische Gesellschaft; vgl. → Kapitel »Diversity_ – machtkritische professionelle Prozessbegleitung«). Die professionell wertschätzende Haltung gegenüber der Person bleibt dabei nach Möglichkeit unberührt und wird aufrechterhalten, indem nicht die Person, sondern die gesellschaftlichen Machtstrukturen, die über Sozialisation Perspektiven und Interaktionen prägen, ins Zentrum der kritischen Reflexion gerückt werden.

Die Menschenrechte stellen in diesem Zusammenhang *zunächst* eine weitere, zusätzliche Perspektive dar, die jedoch immer *zugleich* auch ein wesentliches Korrektiv bildet und als solches auch Grenzen setzt, bzw. andere erweitert und im besten Falle neue, bis dahin noch unberücksichtigte Perspektiven eröffnet.

In Situationen, in denen erkennbar bewusst und beabsichtigt Machtdimensionen und Diskriminierung reproduziert werden, ist eine klare menschenrechtsbasierte Grenzziehung notwendig – z. B. durch:

- Abbruch, der Situation,
- ggf. Einzelgespräch,
- ggf. Gespräch mit der Leitung,
- ggf. unterstützend Verweisberatung zu Antidiskriminierungsberatung.

MENSCHENRECHTE UND ALLPARTEILICHKEIT

Die systemische Haltung der *Allparteilichkeit* – also die Idee, alle Perspektiven zu berücksichtigen – als eines der zentralen Prinzipien in der systemischen Beratung, wird von Andrea Ebbecke-Nohlen als eine Verbindung von *Pluralität* und *Neutralität* beschrieben (vgl. Ebbecke-Nohlen [2009] 2020, S. 85–97).

- Pluralität: maximale Offenheit in Bezug auf die unterschiedlichen *Sichtweisen* der beteiligten Personen (sowohl Anwesende als auch Abwesende).
- Neutralität: nicht-wertende Haltung, die
  - keiner der beteiligten *Positionen* den Vorzug gibt (*Beziehungs-*/soziale Neutralität),
  - unterschiedliche Situationsbeschreibungen und *Sichtweisen* gleichberechtigt nebeneinander stehen lässt (*Konstruktionsneutralität*) und
  - in Bezug auf den *Umgang* mit Problemen eine neutrale Haltung einnimmt (*Veränderungsneutralität*).

MENSCHENRECHTBASIERTE ALLPARTEILICHKEIT

- *Menschenrechtsorientierung* als Perspektive, als ethischer Bezugspunkt und als Korrektiv in der gemeinsamen Reflexion.

REFLEXIONSFRAGEN

- *Reflexion von Macht und Dominanz*: Welche machtvollen Zuordnungen, Zuschreibungen, welche historisch und gesellschaftlich tradierten Ausschlüsse finden statt?
- *Fokus der Gleichberechtigung*: Werden alle Perspektiven gleichbehandelt? Wo findet Ungleichbehandlung (aufgrund von Zuschreibung, Abwertung, Normierung) statt?

Menschenrechtsbezug »erlaubt« bzw. erfordert, die fragende, hypothesenbildende Haltung der Beratung zu verlassen und z. B. verletzende diskriminierungsrelevante Begriffe und Äußerungen als solche zu markieren und zu benennen.

KOMPETENZEN FÜR EINE MACHTKRITISCHE BERATUNGSPRAXIS

Gerade für arbeitsweltbezogene Beratungsformate bestehen zahlreiche Anknüpfungspunkte und auch Notwendigkeiten, die ein *diversity*orientiertes Arbeiten immer mehr zu einer zentralen beraterischen Handlungskompetenz werden lassen. Dem tragen auch bereits viele Studiengänge und Ausbildungen Rechnung, indem in den Curricula eine kritische Auseinandersetzung mit *Diversity* und mit gesellschaftlichen Diskriminierungsstrukturen bereits verankert und formal integriert ist – etwa im Bereich der Sozialen Arbeit, Bildung und Erziehung, Lehramtsstudiengängen, oder der Pflege sowie in vielen weiteren (universitären) Disziplinen. Auch die Auseinandersetzung mit aktuellen wissenschaftlichen und aktivistischen Positionen zu *Diversity* und Antidiskriminierung findet zunehmend in vielen arbeitsweltlichen und berufsbezogenen Kontexten statt und wird immer stärker für diese eingefordert. *Diversity*-Kompetenz ist mittlerweile eine zentrale professionelle Kompetenz und somit auch unverzichtbar für beratende Personen, für Supervisor*innen und Coaches sowie für alle Formate der berufsbezogenen Beratung.

Diversity-Kompetenz bezieht sich nach unserem Verständnis auf ein, diversitätsbewusstes, macht- und diskriminierungskritisches und menschenrechtsbasiertes Handeln. Ziel ist es, inklusive Räume zu schaffen und zu gestalten, in denen Perspektiven machtkritisch geteilt werden können und die ein Reflektieren und Lernen für alle ermöglichen. Dies beinhaltet auch, dass Diskriminierungsverhältnisse und Diskriminierungserfahrungen anerkannt und in Beratungssituationen *besprechbar* sein können (vgl. vertiefend → Kapitel »Diversity_ – machtkritische professionelle Prozessbegleitung«).

»*Besprechbarkeit speist sich u.a. aus Wahrnehmungskompetenz, Wissen, Methoden- und Handlungskompetenz. Sie fußt auf der Anerkennung, dass Rassismus ein allgegenwärtiges, strukturelles und soziales Problem ist, und umfasst eine Analysekompetenz, die angemessene Maßnahmen gegen Rassismen, Antisemitismus, Ableismus, Adultismus, Transfeindlichkeit und alle weiteren Formen von Diskriminierungen in den unterschiedlichsten Intersektionen in aller Komplexität ermöglichen*« (Gomis 2020, o. S.)

Diversity wird als »Kernqualität« von Beratung benannt und Kernqualitäten werden in diesem Zusammenhang als »*unverzichtbare fundamentale Charakteristika professioneller Beratung*« definiert, zu denen es ein klares und reflektiertes Verständnis braucht. Als zentral für *Diversity* als Kernqualität wird das »*Vertraut-sein mit den eigenen handlungsleitenden Annahmen und Vorurteilen*« genannt (ECVision 2018, S. 13f).

Damit verbunden ist die Aufgabe, »*SupervisandIinnen/Coaches in der Erforschung ihrer eigenen Stereotypisierungen zu unterstützen.*

Dazu gehört es, Prozesse der Macht- und der Ressourcenverteilung so zu thematisieren […], *dass neue Handlungsspielräume im Umgang mit ihnen entwickelt werden können.*« (ECVision 2018, S. 13f).

Mit diesem Anspruch verbindet sich notwendigerweise eine kontinuierliche kritische Auseinandersetzung mit Machtverhältnissen – mit der Herstellung von Norm und ›Normalität‹, mit der Wirkmächtigkeit von Sprache und Sprachhandeln im Herstellen von Wirklichkeit, mit Ein- und Ausschlüssen – in der Gesellschaft, in einer Gemeinschaft, einer Organisation, einer Gruppe oder einem Team.

Für diese Auseinandersetzung, für die kritische Reflexion und um Prozesse für alle Beteiligten gleichberechtigt und anerkennend begleiten zu können, ist das kontinuierliche (Weiter-)Entwickeln einer selbstreflexiven, (selbst-)kritischen Haltung als *diversity*-kompetentenberaterischen Haltung in den Lern- bzw. Reflexions- und Beratungsprozessen entscheidend – und in entscheidender Weise unterstützend. Sie beinhaltet vor allem, (auch) die *eigenen* Verstrickungen in gesellschaftliche Machtverhältnisse und deren unbewusste Reproduktion bewusst zu machen und selbstkritisch zu reflektieren.

»*Wir können nicht neutral oder metatheoretisch über Diversität und Differenz verhandeln. Wir sind, wie immer wir auch analytisch Stellung beziehen, selbst in das Feld an kontroversen Positionen zu Diversität und Differenz verwoben und produzieren selbst neue Differenzen. Was wir machen können und machen sollten, ist reflexiv mit dieser Situation und unserer Position umzugehen.*« (Fuchs 2007, S. 32)

Darin liegt eine der wohl aktuell zentralsten Herausforderungen und die zentrale Bedeutung von *Diversity*-Kompetenz. Denn sie betrifft, »*wie das Zusammenleben in Unternehmen und in der Gesellschaft oder global gestaltet wird* […]. *Diversity-Kompetenz, das lässt sich heute bereits deutlich absehen, wird in Zukunft zu den wichtigsten Kernkompetenzen gehören.*« (Schmidt/Walter 2016, S. 46)

Diversity-Kompetenz bildet in diesem Sinn einen zentralen Aspekt der Professionalität und der Professionalisierung (Gomis 2020).

DIVERSITY-KOMPETENZ IN DER BERATUNGSARBEIT

Kompetenzmodelle beinhalten grundsätzlich »*den Einsatz von Wissen, von kognitiven und praktischen Fähigkeiten genauso [...] wie soziale und Verhaltenskomponenten (Haltungen, Gefühle, Werte, Motivation).*« (DGSv 2017, S. 10)

In Bezug auf Diversity-Kompetenz lassen sich dahingehend und anknüpfend an gängige Modelle, vier Komponenten von Kompetenz schematisch darstellen: Wissen/Fachwissen, Methoden-/Umsetzungskompetenzen, soziale Kompetenzen und Selbstkompetenzen. All diese sind nicht unabhängig voneinander zu denken, sondern vielmehr als verknüpft und einander bedingend und im Zusammenwirken mit den weiteren berufsspezifischen Kompetenzen der Beratungsarbeit zu begreifen.

DIVERSITY-KOMPETENZ IN BERATUNGSPROZESSEN	
FACHKOMPETENZ Fundiertes Wissen als Voraussetzung für Analyse und Reflexion • Kenntnisse zu Gender-/Diversity-Theorien • Reflexion gesellschaftlicher Machtverhältnisse • Verständnis gesellschaftlich/historisch etablierter Diskriminierungsstrukturen • Kenntnis gesetzlicher Diskriminierungsverbote • Wissen um soziale Konstruktion von Kategorien, Normierungen	METHODENKOMPETENZ Umsetzung und Gestaltung von Beratungsprozessen • Kritisches Hinterfragen (binärer) Normen und Kategorien • Anerkennen von Unsicherheit und Unwissen • kritische Reflexion von Vorurteilen und Stereotypen • Verwenden inklusiver (Bild-)Sprache • Klar positionierter Umgang mit Diskriminierung, mit privilegierter Abwehr • Empowerment-Ansätze, Power-Sharing
SOZIALKOMPETENZ Macht- und diskriminierungsbewusste Kommunikation und Interaktion • Anerkennen von Verletzbarkeit (Diskriminierung), Umgang mit Kränkung (privilegierte Abwehr) • Wertschätzende Kommunikation, Bezug auf Chancengleichheit und Inklusion	SELBSTKOMPETENZ Selbstkritische Reflexion eigener *Diversity*-Positionen im beruflichen Handeln • Biografische Reflexion eigener Prägungen und Vorannahmen im Kontext gesellschaftlicher Machtverhältnisse • Offenheit für Kritik • Hegemoniale Selbstreflexion (Dietze 2009) und -kritik • Ambiguitäts- und Ambivalenztoleranz • Selbstfürsorge, Achtsamkeit, traumasensible Ansätze

»Diversity is not about the others, it is about you.«

(BENDL 2004, S. 56)

Die Auseinandersetzung mit *Diversity* bedeutet, eine kontinuierliche kritische und selbstkritische Reflexion der Konstruktion von Differenz bzw. ›Andersheit‹ der ›Anderen‹ und die eigene Verwobenheit in dominante Differenzkonstruktionen.

Es geht nicht um ›die Anderen‹, sondern immer um die aktive Auseinandersetzung mit und Veränderung der eigenen dominanten und machtvollen Wahrnehmungsmuster und Differenzkonstruktionen. Die Auseinandersetzung mit den eigenen, verschiedenen (auch ambivalenten) sozialen Zugehörigkeiten, Erfahrungen von VerAnderung (*Othering*), mit Marginalisierung und/oder Privilegierung ermöglicht, bewusst die eigene gesellschaftliche Positioniertheit (vgl. → Kapitel »Dominanz- und Machtverhältnisse«) zum Ausgangspunkt des Reflektierens zu machen.

Diese Auseinandersetzung ermöglicht, sich selbst und eigene Prägungen aktiv und selbstkritisch einzubeziehen um bewusst eigene dominante Wahrnehmungsmuster und Wirklichkeitskonstruktionen zu verändern.

Dominanz-/Machtverhältnisse – (un_)mögliche Perspektivwechsel

Vor allem eine menschenrechtsbasierte Perspektive verdeutlicht, dass gesellschaftliche Pluralität nicht automatisch auch Gleichberechtigung bedeutet – Perspektiven werden nicht *per se* gleichberechtigt artikuliert oder als gleichberechtigt wahrgenommen. Perspektivwechsel und die Annahme sowie das Anerkennen einer Perspektivenpluralität als zentrale Reflexionsinstrumente (nicht nur in systemischen Ansätzen) der Beratungs- und Bildungsarbeit, erfordern daher im Hinblick auf *Diversity* auch eine Auseinandersetzung mit gesellschaftlichen Machtverhältnissen. Dies beinhaltet vor allem, die Aufmerksamkeit dafür zu schärfen, wie dominante Perspektiven überhaupt erst als solche entstehen, wie sie sich durchsetzen, wie sie ein- und ausschließend wirken:

REFLEXIONSFRAGEN

- Welche Perspektiven erhalten Raum? Welche werden benannt? Welche Perspektiven werden wahrgenommen?
- Welche Perspektiven fehlen? Welche können nicht benannt werden? Welche Perspektiven werden verdrängt?
- Welche Perspektiven dominieren und bestimmen (oft unbewusst) darüber, wie andere dominiert und definiert werden?

Das Ermöglichen inklusiv verstandener Perspektivwechsel und Perspektivenpluralität in Beratung- und Bildung knüpft sich an eine Auseinandersetzung damit, wie Menschen gesellschaftlich in Machtverhältnissen positioniert werden und welche Perspektiven – und welche Artikulationsmöglichkeit von Perspektiven – damit verbunden sind.

Ziele einer inklusiv gestalteten, diversitätsbewussten Beratungspraxis sind daher

- das Entwickeln machtkritischer Ansätze für den Umgang mit unterschiedlichen Artikulationsmöglichkeiten von Perspektiven sowie
- das Ermöglichen von Räumen, die ein gleichberechtigtes Wahrnehmen, Artikulieren und Teilen von Perspektiven zulassen.

Professionelle Handlungskompetenz ist in diesem Zusammenhang daran geknüpft, Dynamiken der Dominanz – also selbstverständlich erscheinender ›Normalität‹ und deren wirkmächtige Deutungsmuster – zu erkennen und zu hinterfragen. Das bedeutet zum einen – als beratende oder lehrende Person – das (eigene) Verstrickt- und Involviert-Sein in Machtverhältnisse immer wieder neu zu reflektieren und sich bewusst zu machen, gerade hinsichtlich der eigenen professionellen Funktion und Rolle in der Beratungs- bzw. Bildungsarbeit. Zum anderen bedeutet es für das Professionsverständnis und dessen praktischer Umsetzung im Beratungs- und Bildungskontext vor allem auch, aktiv dafür zu sorgen, dass im Austausch und Miteinander Macht geteilt und »abgegeben« werden kann.

DIFFERENZORDNUNGEN, DEFINITIONSMACHT UND NORM(IERUNG)

Gesellschaftliche Machtverhältnisse sind historisch und gesellschaftlich hergestellt, etabliert und tradiert und werden auf unterschiedlichen Ebenen, durch vielfältige gesellschaftliche, institutionelle und individuelle Praxen (re)produziert und aktualisiert. Sie wirken sowohl auf einer diskursiven Ebene prägend und strukturierend auf Vorstellungen, Wahrnehmungs- und Denkweisen sowie auf Kommunikation und Sprache, als auch – indem sie verinnerlicht werden – auf Routinen und Verhaltensweisen.

Zu den gesellschaftlichen Machtverhältnissen, die moderne Gesellschaften strukturieren und die auf globaler, gesellschaftlicher, institutioneller bzw. organisationaler sowie auf interpersoneller Ebene wirken – und in engem Zusammenhang mit einer komplexen Herrschafts-, Unterdrückungs- und Ausbeutungsgeschichte stehen – zählen Sexismus, Rassismus und Klassismus. *Gender, race*, und *class* wurden von bell hooks auch als »Trinität von weißer Vorherrschaft, Kapitalismus und Patriarchat« (hooks 1994) bezeichnet. Sie sind, wie auch andere Machtverhältnisse, keineswegs losgelöst voneinander zu begreifen. Vielmehr sind sie verwoben und in Wechselwirkung miteinander und mit weiteren Macht- bzw. Differenzordnungen und entsprechenden Zuordnungen und Zuschreibungen (z. B. in Bezug auf *geschlechtliche und sexuelle Identität, Religionszugehörigkeit, ethnische oder nationale Herkunft* oder *Migrationsgeschichte, Lebens- und Liebensweisen, psychische und physische Kategorisierungen*). Sie alle wirken marginalisierend bzw. privilegierend und verhindern oder ermöglichen Zugang zu Ressourcen und Teilhabe.

GESELLSCHAFTLICHE DIFFERENZORDNUNGEN

Die Grundlage gesellschaftlicher Machtverhältnisse bilden gesellschaftlich wirkmächtige Differenzordnungen:

- Auf der Basis einmal definierter bzw. gewählter Unterscheidungskriterien werden *Unterscheidungen* getroffen und Differenzlinien gezogen – wie z. B. zwischen *männlich/weiblich, hetero-/homosexuell, weiß/rassifiziert* (bzw. *›deutsch‹/›migrantisch‹*).
- Differenzordnungen *weisen* (hierarchisch strukturierte) gesellschaftliche *Positionen zu.*
- Differenzlinien wirken über die mit ihnen verbundenen Wertungen und Hierarchisierungen *normbildend/normierend/normalisierend.*

Differenzordnungen und -linien erzeugen Dominanzverhältnisse, indem:

- Abgrenzungen zwischen dem ›Normalen‹ und dem ›Anderen‹, dem von der Norm ›Abweichenden‹ erzeugt werden
- die über Jahrhunderte tradierte gesellschaftliche Wirkmächtigkeit von Normen (wie Zweigeschlechtlichkeit, Männlichkeit, Heterosexualität, *weiß*-Sein, oder der über bestimmte ›Leistungs-‹kriterien definierte Körper) nach wie vor strukturell Gesellschaft, individuelle Wahrnehmung und soziale Interaktionen prägen.

Auch wenn Differenzordnungen als Konstruktionen zu begreifen sind, haben sie reale Folgen in Form struktureller und materieller Benachteiligung, Ausgrenzung, oder Internalisierung (Verinnerlichung) negativer Zuschreibungen. Differenzlinien sind dabei auf komplexe Weise miteinander verschränkt und auch gleichzeitig wirksam (vgl. → Kapitel »Intersektionale Machtverhältnisse«).

WIRKUNGSEBENEN VON MACHTVERHÄLTNISSEN

Differenzordnungen beziehungsweise Machtverhältnisse sind sowohl auf einer symbolisch-klassifikatorischen Ebene gesellschaftlich normbildend, normierend beziehungsweise normalisierend wirksam als auch auf der individuellen Ebene und in Interaktionen. In alltäglichen Handlungen werden sie ebenso wie in Organisationen und Organisationsstrukturen reproduziert. Machtverhältnisse prägen (zum Beispiel durch das Reproduzieren normativer Unterscheidungen) auch gesellschaftliche und wissenschaftliche Diskurse, ebenso wie Gesetzgebungen und Routinen in Organisationen.

Differenzordnungen wirken als Machtstrukturen gesellschaftlich strukturierend wie auch als unmittelbare individuelle Erfahrungen. Sie prägen und strukturieren auf vielfache Weisen Identität(en) und die Position(en) von Menschen in sozialen Beziehungsgefügen.

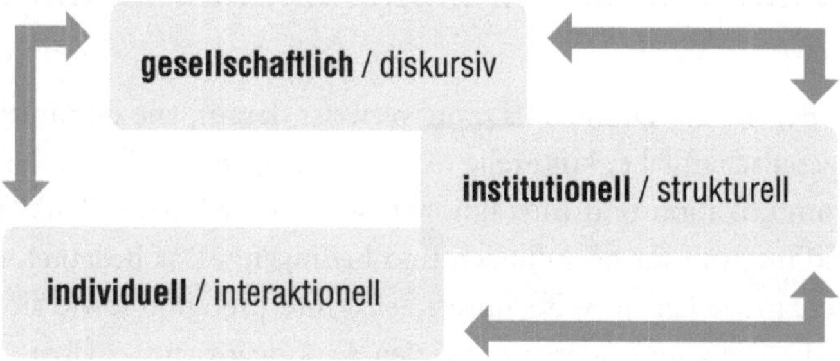

Gesellschaftliche Machtverhältnisse bzw. »Differenzordnungen können wir als (immer gegebene) Hintergrunderwartungen verstehen, die auch dann bedeutsam sind und strukturierend wirken, wenn sie nicht explizites Thema sozialer Situationen sind.« (Mecheril 2008, o. S.)

DOMINANZKULTUR

Machtverhältnisse und Differenzordnungen wirken gesellschaftlich hierarchisierend und machtvoll strukturierend. Macht ist dabei nicht verkürzt als absichtsvoll ausgeübte Handlung zu begreifen, oder als ›Etwas‹, das Personen ›besitzen‹. Macht ist vielmehr als Verhältnis, als eine relationale Struktur, als machtkodierte soziale Ordnung zu verstehen.

Mit dem Begriff und dem Konzept der Dominanzkultur (Rommelspacher 1995) prägte Birgit Rommelspacher das Verständnis dafür, wie gesellschaftliche Machtstrukturen verinnerlicht werden – und wie diese gleichzeitig als selbstverständlich und ›normal‹ erscheinen.

DOMINANZKULTUR

Der Begriff der Dominanzkultur verweist darauf, wie dominierende gesellschaftliche, kulturelle NORMEN das gesellschaftliche Leben, Kommunikation und Interaktionen sowie individuelle Denk- und Handlungsmuster beeinflussen und bedingen: »Das bedeutet, dass unsere ganze Lebensweise, unsere Selbstinterpretation sowie die Bilder, die wir vom Anderen entwerfen, in Kategorien der Über- und Unterordnung gefasst sind.« (Rommelspacher 1995, S. 22)

Kultur meint in diesem Zusammenhang die symbolische Struktur (gesellschaftliche Praxen und gemeinsam geteilte Bedeutungen), die Grenzen zieht, bzw. Menschen bestimmte gesellschaftliche Positionen zuweist.

Dominanzkultur manifestiert sich in Ordnungsstrukturen, die definieren, wer der Norm entspricht und diese repräsentiert, bzw. wer davon abweicht und z. B. als ›anders‹ oder ›fremd‹ markiert wird.

Machtverhältnisse wirken also als gewaltvolle, hierarchisierende Zuweisungen, die von allen Menschen – als Teil dieser Struktur – auch verinnerlicht und auf diese Weise mitgetragen und reproduziert werden.

Dominanzkultur und hierarchisierende Normen positionieren Menschen gesellschaftlich unterschiedlich, erzeugen also unterschiedliche *Positioniertheiten* und damit gesellschaftliche Machtgefälle.

Positioniertheit bezeichnet die – in der Regel nicht selbst gewählte – Position, die Personen gesellschaftlich zugewiesen wird. Menschen werden im Kontext von Differenzordnungen positioniert, indem sie anhand bestimmter Kriterien/Markierungen beschrieben und gelesen werden und andere Menschen entsprechend dieser Lesweise auf sie reagieren (Interaktion und Internalisierung). *Positioniertheit* wird zu einem großen Teil durch soziale Einordnung (Verortung) und durch zugeschriebene, normbestimmte Zugehörigkeiten – z. B. »Mann«, »Frau«, »Inländer*in«, »Ausländer*in«, »Muslim*a«, »Rollstuhlfahrer*in«, »nicht-behindert«, »lesbisch«, »schwul«, »hetero«, »Arbeiter*in«, »Wohlhabende*r« – bzw. durch Zugang zu oder Ausschluss von gesellschaftlichen und kulturellen Ressourcen bestimmt.

Mehrheitszugehörigen Menschen – Menschen die aufgrund ihrer Nähe zu einer Norm (»Mehrheitsgesellschaft«) bessere Zugangsmöglichkeiten zu gesellschaftlicher Teilhabe und gute Möglichkeiten der Selbstentfaltung haben – erscheinen diese Möglichkeiten als selbstverständlich, als ›normal‹, der Norm entsprechend. Die Perspektive verengt sich damit auf die eigene (dominierende) Norm(alität). Andere Lebensrealitäten – in denen Zugänge verwehrt sind – werden dabei im Verhältnis zur Norm als ›anders‹, ›abweichend‹ (›deviant‹) oder ›nicht zugehörig‹ wahrgenommen und auch definiert. Die Perspektiven anderer Lebensrealitäten – in denen Zugänge verwehrt sind – kommen in dieser Perspektive nicht vor.

In diesem Zusammenhang wird oft – auch von uns – der Begriff »*Mehrheitsgesellschaft*« verwendet. Nicht immer aber handelt es sich bei dem mit diesem Begriff gemeinhin bezeichneten, dominierenden Gesellschaftsanteil um eine *mathematische* Mehrheit, wie z. B. in Bezug auf Geschlechterverhältnisse deutlich wird: Obwohl Männer* statistisch keine Mehrheit bilden, befinden sie sich doch historisch wie gegenwärtig in einer gesellschaftlich machtvolleren Position. Dies mit im Blick behaltend eignet sich der Begriff dennoch, um gesellschaftliche Machtverteilung und Dominanzverhältnisse zu benennen.

DEFINITIONS- UND DEUTUNGSMACHT

»Wer erklärt die Welt? Wer beschreibt, wer wird beschrieben? Wer benennt und wer wird benannt?«

(GÜMÜŞAY 2020, S. 54)

In ihrem Buch »Sprache und Sein« beschreibt Kübra Gümüşay diesen machtvollen Prozess anhand der Metapher eines Museums. Zunächst gibt es dort zwei Kategorien von Menschen – die Benannten und die Unbenannten. Die Unbenannten präsentieren in diesem Museum die Welt aus ihrer Perspektive, entscheiden, was gezeigt wird und was nicht, geben den Dingen Namen und benennen sie – sie werden zu Benennenden.

Die Benannten sind dabei »zuerst einfach nur Menschen, die auf irgendeine Weise von der Norm der Unbenannten abweichen. Anomalien im Weltbild der Unbenannten: Nicht vorgesehen. Fremd. Anders. Manchmal auch einfach nur ungewohnt. Unverständlich. Sie erzeugen Irritationen. Sie sind nicht selbstverständlich.« (Gümüşay 2020, S. 54)

Die Benannten bemerken in diesem scheinbar selbstverständlichen und mächtigen System zunächst nicht, dass die Welt nur aus einer Perspektive betrachtet wird und dass diese Sicht unvollständig ist, dass wesentliche Erfahrungen – ihre eigenen – fehlen. Die Benannten kommen mit ihrer Perspektive, als Menschen mit all ihren Facetten nicht vor, sie werden definiert und beschrieben – »aus Menschen werden Benannte«. Die »*Menschen, die nun keine mehr sind – die Benannten – leben sorgfältig katalogisiert in Glaskäfigen, beschriftet mit ihren Kollektivnamen [und] so wird die Perspektive der Unbenannten zum Maß aller Dinge.*« (Gümüşay 2020, S. 54)

DEFINITIONS- UND DEUTUNGSMACHT

Definitionsmacht bedeutet, dass sich bestimmte, machtvolle Deutungsmuster, Deutungen der Welt als solche durchsetzen (können), während marginalisierte Perspektiven kaum Gehör, Raum, Aufmerksamkeit oder Geltung erhalten.

Definitionsmacht ist nicht einfach »umkehrbar«: Die »Unbenannten«, also z. B. *weiße* Menschen, als *männlich* gelesene Menschen, *wohlhabende*, oder *normgesunde* Menschen bleiben in der Regel als solche unmarkiert und zugleich – als Repräsentant*innen der Norm – in einer machtvollen Position. Deren Benennung (Markierung) bleibt die Ausnahme – wie z. B. im Kontext *gender*- oder rassismuskritischer Praxen oder wenn sich Mehrheitsverhältnisse *situativ* umkehren. Situative Ausnahmen können jedoch nicht die gesellschaftlich-*strukturell* weiter bestehenden Machtverhältnisse *strukturell* wirkmächtig ändern – sie bleiben Ausnahmen (vgl. → Kapitel »Diskriminierung und Diskriminierungskritik«).

Machtkritische Ansätze und eine machtkritische Haltung in der Beratung beziehen Dynamiken gesellschaftlicher Machtverhältnisse – Hierarchisierungen, Normierung, Definitionsmacht – in alle Hypothesenbildungen und Reflexionen, vor allem aber auch in die Selbstreflexion der eigenen Haltung mit ein.

REFLEXIONSFRAGEN

zu Machtdynamiken in Gruppen und in Beratungssettings

- Welche Vorannahmen habe ich über die gesellschaftliche Verortung der Teilnehmenden?
- Wer fehlt in dieser Gruppe bzw. ist nicht vertreten?
- Wer wird durch die verwendeten Beispiele und Redewendungen wie selbstverständlich einbezogen (oder ausgeschlossen)? Wer ist repräsentiert? Wer ist unsichtbar (gemacht)?

- Welche gesellschaftlichen Normen bilden sich in Bezeichnungen ab? Welche Perspektiven werden dadurch repräsentiert? Worauf verweisen die Bezeichnungen?
- Wessen Bedürfnisse sind artikuliert? Wer hat die Möglichkeit zu sprechen? Wer kommt überwiegend zu Wort?
- Welche Normen/Normierungen sind dominant in einer Gruppe? Welche Perspektiven werden artikuliert?
- Wessen Bedürfnisse erhalten Raum? Wer schweigt?
- Wessen Aussagen werden überwiegend ernst genommen, als interessant bewertet und aufgegriffen? Womit hängt das möglicherweise (noch) zusammen?

MACHT- UND DIFFERENZORDNUNGEN REFLEKTIEREN – POSITIONIERTE HALTUNG

Ein vertieftes Verständnis der verschiedenen gesellschaftlichen und globalen Machtverhältnisse – und der damit verbundenen, binär konstruierten Differenzlinien, Kategorisierungen und Normierungen – bietet eine unterstützende Basis, um Machtwirkungen in Beratungssettings zu erkennen und zu thematisieren.

Da Machtverhältnisse gesellschaftliche Wirklichkeit und damit auch sehr früh Wahrnehmungen prägen, erscheinen sie auch in der Regel zunächst selbstverständlich, als quasi ›natürlich gegeben‹. Dadurch, dass Differenzordnungen biografisch früh gelernt und internalisiert werden, werden sie Teil der Subjektkonstituierung/Identitätsbildung.

»Dieses Wissen ist eher selten bewusst und kann nicht ohne Weiteres in Sprache gefasst werden. Es kann sich beispielsweise darin zeigen, wie viel Raum eine Person mit ihrem Körper einnimmt, mit welchen Persönlichkeitseigenschaften sie sich selbst beschreibt.« (Bartel 2015, S. 14)

So werden Geschlechternormen früh verinnerlicht, ebenso wie herrschende soziale bzw. »Klassen«-Strukturen, Hetero-Normen, oder *weiß*-Sein als Norm (*rassistisches Wissen,* vgl. → Kapitel »Diskriminierung und Diskriminierungskritik«). Sozialwissenschaftliche Untersuchungen beforschen z. B., wie Kinder sich deutlich überwiegend für *weiße* Puppen entscheiden, wenn sie die Wahl haben bzw. auswählen sollen (sog. »*Doll Test*«; vgl. Ogette 2017).

Machtverhältnisse und Differenzordnungen strukturieren also wirkmächtig gesellschaftliche Realität, Selbstverständnisse, Wahrnehmungsmuster und Deutungen und erhalten damit den Anschein von ›Natürlichkeit‹ und ›Normalität‹. Dies gilt sowohl für diejenigen, die dadurch ausgegrenzt und marginalisiert werden, als auch für diejenigen, die dadurch profitieren und für die Zugangschancen weitgehend selbstverständlich sind.

Besonders in Beratungskontexten ist daher das Bewusstmachen verinnerlichter Normierungen und hierarchisierender Kategorisierungen von zentraler Bedeutung, wenn es um ein gleichberechtigtes Teilen von Perspektiven und das Entwickeln von Handlungsmöglichkeiten geht.

Das Gestalten von in diesem Sinn *inklusiven* Beratungssettings stützt sich wesentlich auf das Einnehmen und Transparentmachen einer Haltung, welche die eigene gesellschaftliche Positioniertheit als Ausgangspunkt von Reflexion klar markiert. Dies ermöglicht, das (eigene), durch diese Positioniertheit bedingte *Nicht-Wissen* selbstreflexiv und -kritisch als Ausgangspunkt des Reflektierens und Hypothesenbildens anzuerkennen und nutzen zu können. Das bedeutet, die fragende, prinzipiell neugierige, offene Haltung des Nicht-Wissens, die ein beraterisches professionelles Selbstverständnis grundsätzlich qualitativ kennzeichnet, um die Perspektive der Machtwirkungen gesellschaftlicher Differenzordnungen zu erweitern.

Die (eigene) Verortung in gesellschaftlichen Machtverhältnissen bewusst zu machen und zu thematisieren – also eine explizite *Positi-*

onierung – ist für eine Veränderung von Machtdynamiken entscheidend. Marginalisierte Perspektiven erhalten erst dann Raum, wenn Machtgefälle thematisiert werden können, wenn es ein Bewusstsein gibt für die – in der Regel unbewussten – Wiederholungen wirkmächtiger, normierender Differenzkonstruktionen.

POSITIONIERUNG als Haltung bedeutet

- gesellschaftliche Machtverhältnisse als Wahrnehmung und Identität *strukturierend* anzuerkennen,
- Pluralität wahrzunehmen und anzuerkennen,
- anstelle eines ›Richtig/Falsch‹-Denkens gerade das Prinzip konstruktiven ›Fehler‹-machens-und-›Korrigierens‹ anzuwenden,
- die Vision und das Ziel einer pluralen Gesellschaft sowie Inklusion und Teilhabe aller Menschen in das Zentrum zu stellen,
- das eigene *Nicht-Wissen*, die eigene gesellschaftliche Verortung immer wieder selbstkritisch zum Ausgangspunkt zu nehmen.

In aktuellen öffentlichen und medialen Debatten ist das Sprechen über gesellschaftliche Machtverhältnisse häufig von diskreditierenden und diffamierenden Diskursen begleitet und geprägt. Oft ist dabei von einer vorgeblichen ›Überbetonung von Minderheitenproblemen‹ oder abwertend von ›Identitätspolitik‹ die Rede, oder es werden Begriffe (z. B. *Gender*) und damit verbundene machtkritische Konzepte als ›unwissenschaftlich‹, oder oft auch pathologisierend diffamiert.

Umso wichtiger ist eine klare Positionierung beratender Personen zunehmend auch in einem politischen Verständnis – im Sinne von Verteilungsgerechtigkeit, Gleichberechtigung, Anerkennung und Inklusion für alle Menschen im Beratungs-/Reflexions-Raum wie in der Gesellschaft. Ein vertieftes Wissen zu Konstruktion und Dekonstruktion von Machtverhältnissen bildet hierzu eine wesentliche Basis, ebenso wie eine Idee und Vision von Pluralität und menschenrechtsbasierter *Diversity.*

DOMINANTE DIFFERENZORDNUNGEN UND IHRE MACHTWIRKUNGEN

Im Folgenden stellen wir die zentralen, Gesellschaft strukturierenden Differenzordnungen und deren Machtwirkungen kommentiert dar, um daraus jeweils Impulse für die Beratungspraxis abzuleiten.

Die Erläuterung der unterschiedlichen Differenzordnungen und ihrer spezifischen Wirkungsweisen ist hier formal als untereinander gereihte Abfolge strukturiert, um auf die jeweilige Geschichte und die Mechanismen der Konstruktion sowie auf Ansätze der Dekonstruktion spezifisch eingehen zu können. Es ist uns jedoch gleichzeitig wichtig, immer wieder auf die VERWOBENHEIT all dieser Machtverhältnisse zu verweisen. Denn diese sind nicht unabhängig voneinander zu verstehen, sondern stehen stets miteinander in Wechselwirkung und bedingen einander (vgl. → Kapitel »Intersektionale Machtverhältnisse«).

Unsere Auswahl bezieht sich im Wesentlichen auf die derzeit in Antidiskriminierungsgesetzen definierten Diskriminierungsdimensionen (oft auch als Diskriminierungs-›Merkmale‹ oder ›Kategorien‹ sozialer Ungleichheit bezeichnet).

Unser Fokus richtet sich jedoch – im Unterschied zu Vorstellungen ›natürlich gegebener‹, homogener Personen-›Gruppen‹ und mit diesen verknüpfter ›Merkmale‹ – vielmehr dezidiert auf die Unterscheidungs*prozesse* und *Machtverhältnisse*, die diese Kategorien (und ihnen zugeordnete ›Gruppen‹) überhaupt erst hervorbringen. Es geht uns also um die *Prozesse des Unterscheidens*, darum wie Unterscheidungen und Differenzordnungen wirkmächtig etabliert werden (s.o. Abschnitt *Definitions- und Deutungsmacht*) und Wahrnehmungsperspektiven (und damit Wirklichkeit) prägen.

- *Differenz* (in Bezug auf Identität und soziale Verortung) ist nicht das Ergebnis vorgängig oder ›natürlich‹ existierender Zugehörigkeiten zu bestimmten Kategorien bzw. Dimensionen. Sie wird durch Kategorisierung und Zuordnung *machtvoll hergestellt.*

In der Folge stellen wir daher diese Konstruktionen in ihrer Geschichte und Wirkungsweise dar. Gleichzeitig geht es mit Blick auf die Beratungspraxis um Möglichkeiten und Ansätze, wie diese Konstruktionen machtkritisch reflektiert und in Beratungskontexten auch verändert werden können.

Die Erläuterung der unterschiedlichen Differenzordnungen folgt – im Sinn der Übersichtlichkeit – folgendem formalen Schema:

Wir beschreiben jeweils zum einen unter dem Stichwort *Konstruktion* die Konstruktion der jeweiligen Differenzordnung und deren Machtwirkungen, um gewaltvolle Aspekte der Zuordnung, Zuschreibung, Vereindeutigung und Unterordnung sichtbar zu machen.

Zum anderen zeigen wir unter dem Stichwort *Dekonstruktion* machtkritische Strategien und Wissensbestände auf, die diese Differenzordnung de-konstruieren, also kritisch auf ihre Herstellungsbedingungen, ihre Funktion und Wirkungsweisen hin hinterfragen, Binaritäten und Vereindeutigungen veruneindeutigen, Perspektiven erweitern, irritieren und machtkritisch verunsichern.

Für die Beratungspraxis ergeben sich daraus jeweils *Reflexionsfragen* und Hinweise darauf, wie spezifische gesellschaftliche Machtverhältnisse erkannt, reflektiert und benannt werden können.

In den »*Impulsen Sprachhandeln*« stellen wir machtkritische Möglichkeiten des Sprechens und Bezeichnens vor.

Begriffe und Bezeichnungen sind nicht statisch, sie verändern sich, werden kontinuierlich auch kritisch reflektiert und verändert, vor allem in und durch widerständige, (selbst-)reflexive Praxen sozialer kritischer Bewegungen.

In diesem Sinn gibt es grundsätzlich nicht *eine* ›richtige‹ Form, sondern unterschiedliche Möglichkeiten und auch immer wieder neue Interventionen und Versuche, machtkritisch zu intervenieren, zu sprechen und zu bezeichnen.

Grundsätzlich geht es also im Folgenden um drei übergeordnete Fragenkomplexe:

- Welche Unterscheidungen bzw. *Konstruktionen* von Wirklichkeit, welche bestehenden Norm(ierungen) sind hinderlich, wenn es darum geht, zu beobachten, ohne zu bewerten? Welche Unterscheidungen schränken Perspektiven ein und schließen andere aus?
- Welche kritische *Dekonstruktion* kann dominante (binär strukturierte) Unterscheidungen, Kategorisierungen und Norm(ierung)en irritieren und verändern?
- Wie kann ein Dekonstruieren dazu beitragen, Perspektiven machtkritisch zu *reflektieren* und zu erweitern?

GENDER

Wie notwendig ist es nach wie vor, Geschlecht zu thematisieren? Ist die Debatte um *Gender* nicht übertrieben? Und wäre es nicht überhaupt besser, einen deutschsprachigen Begriff zu benutzen? Gleichberechtigung und Gleichstellung sind – so der vielfach geäußerte Eindruck – ›längst überall verankert‹ und z. B. in Stellenausschreibungen und durch Quotenregelungen ›bereits umgesetzt‹.

Hierarchisierende Geschlechterstereotype und -normen sind jedoch nach wie vor realitätswirksam und segregierend:

Wer wird überwiegend als »emotional«, »zurückhaltend«, »nett«, »gepflegt«, »schön«, »sozial«, »distanziert«, »fordernd«, als »rational«, »durchsetzungsfähig«, oder »sachlich« wahrgenommen und beschrieben? Und wie wird dies unterschiedlich bewertet? Für wen werden Beschreibungen wie »männlich«, »weiblich« benutzt – und mit welcher zuweisenden Wirkung? Welche ausschließenden Effekte hat die nach wie vor vielfach alltägliche zweigeschlechtliche Organisation und Struktur in Formularen, in der Einteilung von Gruppen, oder der Ansprache von Personen?

MACHTVERHÄLTNIS/ DIFFERENZORDNUNG:	*Gender* / Geschlechterdifferenz / Zweigeschlechterordnung / geschlechtliche Zuordnung / Vergeschlechtlichung / Geschlechternormen / Heteronormativität
DISKRIMINIERUNGS- ›KATEGORIEN‹:	Geschlecht (AGG, GlGB) / geschlechtliche Identität
INKLUSIVE BZW. ALTERNATIVE BEGRIFFE:	Geschlechterpluralität (Vielzahl von Geschlechtern)

KONSTRUKTION

Der englische Begriff *Gender* (soziales Geschlecht) existiert in dieser Form nicht in der deutschen Sprache und wird daher häufig mit dem Begriff »Geschlecht« assoziiert. Der Begriff *Gender* nimmt hingegen die Bedeutung von Geschlechterstereotypen und die Konstruktion von Geschlecht in den Blick. Gleichzeitig besteht ein tradiertes und im Alltagswissen verankertes Verständnis von Geschlecht als ›natürliche‹, ›biologische‹ Tatsache, als binäre Unterscheidung zwischen »Frauen« und »Männern«. Dies bedingt, dass bestehende hierarchische Geschlechterverhältnisse sowie patriarchale Gewalt weiterhin zur gesellschaftlichen Realität gehören.

- Geschlechterstereotype basieren als tief verankerte handlungsleitende Vorstellungen auf der *Dichotomisierung von Geschlecht:* der binären Unterscheidung in *Mann/Frau* (Zwei-Geschlechter-Modell) und
- historisch auf seit der Aufklärung behaupteten ›Wesensunterschieden‹ zwischen *Frauen* und *Männern.*
- Mit der Verknüpfung dieser dichotomen Geschlechterordnung mit hierarchischen Differenzkonstruktionen wie *Geist/Körper, Kultur/Natur* oder *Rationalität/Emotionalität* (als vorgeblich *männliche,* bzw. *weibliche* ›Eigenschaften‹) wurde eine *Geschlechterhierarchie und Ungleichheit* als ›natürlich‹ behauptet und nachhaltig etabliert.

- Im Übergang zur bürgerlichen Gesellschaft und zu kapitalistischen Wirtschaftsstrukturen wurden – mit der Definition polarer »Geschlechtscharaktere« – hierarchische Geschlechterdifferenzen weiter strukturell verfestigt und gesellschaftsstrukturierende Trennungen in öffentlich/privat, Arbeit/Heim, Erwerbsarbeit/Hausarbeit legitimiert (Hausen 1976, S. 363-393).
- Damit ließen sich eine *gesellschaftliche Arbeitsteilung* und (gesellschaftliche/globale) Ausbeutungsverhältnisse etablieren: Gesellschaftliche Reproduktionsarbeit wie unbezahlte Haus-, Erziehungs- und Pflegearbeit wird nach wie vor überwiegend von *Frauen* geleistet; diese sind auch überwiegend in gering entlohnten erzieherischen und pflegerischen Berufen beschäftigt.

Das über Jahrhunderte tradierte Deutungsschema ›natürlicher‹ Geschlechterdifferenz ist also nachhaltig materiell wirkmächtig (*Gender Pay Gap, Gender Pension Gap* und *Gender Care Gap).*

Ebenso nachhaltig ist es in Alltagswissen und Alltagspraxen verankert; als *Doing Gender* (West, Zimmermann 1987), d.h. als alltägliches Re-Inszenieren und somit Reproduzieren geschlechtlicher Kategorisierung und der damit verknüpften Strukturfunktionen im Sinn einer Geschlechterhierarchie (somit auch *doing male dominance*).

DOING GENDER

Der Begriff *Doing Gender* bezeichnet die Herstellung von *Geschlecht* in Alltagsinteraktionen (z. B. durch Weisen des Sprechens, der Gesprächsführung, des Sich-Bewegens) – also die Weise, wie Menschen in alltäglichen Interaktionen Geschlecht re-inszenieren, interpretieren und relevant machen. Dazu gehört, das *Doing Gender* anderer Menschen zu deuten, einzuordnen, zu bewerten und sich dazu in Beziehung setzen.

Doing Gender ist ein früh verinnerlichter, zunächst unbewusster Lernprozess: Bei der Geburt wird Kindern ihr Geschlecht zugeordnet und sie lernen, sich dem entsprechend ›männlich‹ oder ›weiblich‹ zu verhalten und daran geknüpfte (oft unbewusste) Erwartungen zu erfüllen. ›Geschlecht‹ bzw. *Gender* wird (als Unterscheidungs-, Identitäts- und Strukturkategorie) interaktiv und kontinuierlich immer wieder hervorgebracht.

GESCHLECHTERNORMEN verändern sich zwar historisch, strukturieren jedoch stets wirkmächtig Wahrnehmung und Wirklichkeitskonstruktionen. Immer noch zentral ist hier die binäre und hierarchisierende Unterscheidung »Mann«/»Frau« (Norm-Geschlechter):

- Personen werden entsprechend diesen Normen »gelesen« und zugeordnet und werden hierarchisierend bewertet anhand (oft unbewusster, verinnerlichter) Vorstellungen von ›normalem‹ Habitus bzw. *Gender*performanz (z. B. Verhalten, Kleidungsstil)
- Die normative Annahme eines hierarchisierend konstruierten Zwei-Geschlechter-Modells bildet zudem die Grundlage für die Konstruktion der ›Normalität‹ und ›Natürlichkeit‹ heterosexuellen Begehrens, der Norm(alität) von Heterosexualität (Heteronormativität).
- *(Hetero-)Männlichkeit als Norm* wird dabei an die Spitze der Hierarchie gesetzt. Menschen, die in ihrer Geschlechtsidentität, ihrem Geschlechterrollenverhalten und/oder ihrer sexuellen Identität nicht den heteronormativen Vorgaben entsprechen, erfahren Ausgrenzung und Diskriminierung.

›GESCHLECHT‹ IN RECHTLICHEN REGELUNGEN

Die Zweigeschlechterordnung als Norm dominiert nach wie vor viele Gesetze und rechtliche Grundlagen, zugleich gibt es auch Weiterentwicklungen:

- Antidiskriminierungsgesetzgebungen beziehen sich auf ›Geschlecht‹ als Diskriminierungskategorie, wobei eine Definition von ›Geschlecht‹ in rechtlichen Grundlagen wie EU-Richtlinien fehlt. Im deutschen AGG (anders als in der Schweiz oder in Österreich) wurde die Kategorie »Geschlecht« um die Dimension »geschlechtliche Identität« erweitert – dadurch soll auch die Gleichbehandlung z. B. von Trans*Personen gewährleistet werden.
- Auch Personenstandsgesetze werden in den letzten Jahren erweitert, so besteht in Deutschland – in Folge von Beschwerden intersexueller, genderqueerer und auch Trans*Personen – seit 2018 eine weitere Option »divers«. In Österreich stehen seit 2020 für Angaben in Dokumenten und im Zentralen Personenstandsregister vier weitere Optionen zur Verfügung: neben »männlich« und »weiblich« nun auch »divers«, »inter«, »offen« und »kein Eintrag«

»DIVERS«?

Mit der sogenannten dritten Option »divers« (oder auch weiteren Optionen) im Personenstandsgesetz werden einerseits zwar die Geschlechterbinarität um eine (oder mehrere) Option(en) erweitert. Jedoch wird andererseits damit zugleich suggeriert, es gäbe genau diese (und nicht mehr) Geschlechter – bzw. nach wie vor zwei *Norm*geschlechter plus unspezifizierte ›Andere‹.

Auf diese Weise bleibt das Machtgefälle zwischen ›Norm‹ und ›Abweichung‹ bestehen.

Kritik wird von Interessensvertretungen transnational vor allem an der für den Eintrag nach wie vor erforderlichen medizinisch-psychologischen Diagnose formuliert, die zum einen Kategorisierungen wie ›Gesundheit‹ (Norm) vs. ›Krankheit‹ (›Abweichung‹) aufrechterhält und zum anderen viele nicht-binäre Personen von dieser Möglichkeit ausschließt.

Die binäre Konstruktion von Geschlecht, das Zwei-Geschlechter-Modell und hierarchisierende Geschlechternormen bedingen verschiedene wirkmächtige Diskriminierungsformen, die auch in Beratungskontexten eine Rolle spielen:

DISKRIMINIERUNGSFORMEN:

Sexismus / Heterosexismus/Heteronormativität / Cis-Sexismus / Trans*feindlichkeit / Inter*feindlichkeit / Queerfeindlichkeit / Feminitätsfeindlichkeit / Sexualisierte Gewalt/Belästigung / …

Dekonstruktion

- *Gender:* Der Begriff *gender* verweist im Englischen auf die *soziale Konstruktion von Geschlecht*, auch ›Geschlecht‹ als kulturell und gesellschaftlich hergestellt – im Gegensatz zu einer ›natürlichen‹ Gegebenheit: »*Man kommt nicht als Frau zur Welt, man wird es.*« (Beauvoir 1951, S. 265)
- Dieser vielzitierte Satz Simone de Beauvoirs verdeutlicht die soziale Konstruiertheit von Geschlecht und zugleich die Wirkmächtigkeit der kontinuierlichen Naturalisierung dieser Differenzkategorie.
- *Geschlecht* ist nicht ›natürlich gegeben‹, sondern als *sozial konstruiert*, vermittelt, *erlernt* und angeeignet (*Doing Gender*) – als soziales Klassifikationsschema (Goffman 1976, S. 1-9) zu verstehen, über das Macht-/Dominanzverhältnisse laufend reproduziert werden
- *Gender* verweist (im Kontext der *Gender Studies* s.u.) auch auf den *Konstruktcharakter der* als biologisch ›natürlich‹ behaupteten *Zweigeschlechtlichkeit.*
- *Pluralität von Geschlecht*: Längst ist auch in der Biologie durch aktuelle Forschungen eine Pluralität und ein Kontinuum von *Geschlecht* belegt. Damit ist auch naturwissenschaftlich eine große Bandbreite möglicher Geschlechtsidentitäten nachweisbar. Anstelle einer Vorstellung von genetischer, chromosonaler, hor-

monaler, gonodaler oder morphologischer Vorherbestimmung »*wird es notwendig, den gesamten Organismus und dessen Wechselwirkungen mit der Umwelt zu betrachten* […].« (Voß 2010, S. 5)

- *Pluralität von Geschlechtsidentitäten*: Menschen identifizieren sich unterschiedlich in Bezug auf ›Geschlecht‹, empfinden, definieren und bezeichnen vielfältig ihre Geschlechtsidentitäten (trans*geschlechtlich, inter*geschlechtlich, queer, nicht-binär u. v. m). Der Begriff *cis-geschlechtlich* bezeichnet die geschlechtliche Identität von Personen, die sich in dem ›Geschlecht‹ verorten und leben, das ihnen bei der Geburt zugewiesen wurde. Das lateinische Präfix »cis-« (deutsch: auf dieser Seite, diesseits, innerhalb) bildet das Antonym von trans- (über-, jenseits, hindurch). Der Begriff *cis-gender* entstand im Kontext der Trans*Bewegung und ist verbunden mit dem Konzept, alle Geschlechtsidentitäten zu benennen und auch die Norm (nicht nur die bislang so definierte ›Abweichung‹) zu markieren und sichtbar zu machen. Cis-Personen haben in der Regel noch nie eine Infragestellung ihres ›Geschlechts‹ erlebt.

- Trans* »[…] ist ein Überbegriff für transsexuelle, transidente und transgender Menschen, also für alle Menschen, die nicht das Geschlecht sind, dem sie bei der Geburt zugewiesen wurden.« (https://queer-lexikon.net/ [28.07.2021])
- *Inter**, oder auch *nicht-binär* (*nonbinary*) ist ein Überbegriff für alle Menschen, die sich weder als »männlich« noch als »weiblich« identifizieren (können oder wollen).
- »Manche nichtbinäre Menschen sind gleichzeitig männlich und weiblich (bigender) oder haben eine Geschlechtsidentität, die sich immer wieder ändert (genderfluid). Andere stellen sich gegen das binäre Geschlechtersystem und haben ein Geschlecht, das nichts mit Männlichkeit und Weiblichkeit zu tun hat (genderqueer).« (https://queer-lexikon.net/ [28.07.2021])

- *Pluralität von Lebens- und Liebensweisen*: Jenseits der als ›natürlich‹ behaupteten wechselseitigen Bezogenheit bzw. Heterosexualität zweier binär definierter Geschlechter – Heteronormativität (s. u.) – verlieben sich Menschen, leben zusammen und leben unterschiedliche Formen von Familie und Für-einander-verantwortlich-Sein. Auch zwischen Geschlechtsidentität und Begehren gibt es also keine ›natürliche‹ oder ›notwendige‹ Korrelation.

Gender (und Queer) Studies

Gender (und Queer) Studies sind in diesem Zusammenhang auch als »Verunsicherungswissenschaften« (Degele 2003) zu verstehen, die eine kritische Dekonstruktion überkommener Konzepte und ›Gewissheiten‹ ermöglichen. Denn ebenso wenig, wie Wissenschaft generell als ›Auffinden‹ und universal sowie ein für alle Mal gültiges Absichern von ›Wahrheiten‹ zu betrachten ist, sondern vielmehr als kontinuierlicher Prozess laufenden *In-Frage-Stellens* und Weiterentwickelns bisheriger Modelle der Wirklichkeitskonstruktion, sind auch Modelle wie *Geschlecht* nicht als ›natürlich gegebene‹ Eindeutigkeit zu verstehen, sondern als historisch und gesellschaftlich kontextualisierte Konstrukte, die dazu dienen, *Komplexität* und *Un-Eindeutigkeit* handhabbar zu machen.

Konstruktion und Dekonstruktion: Gender in der Beratungspraxis

Die binär und hierarchisch konstruierten und (durch *Doing Gender*) verinnerlichten Geschlechtervorstellungen und -normen manifestieren sich auch in den in der Beratung geteilten Wirklichkeitskonstruktionen, in Vorstellungen zu Teamarbeit und -Rollen, zu Führung(skompetenz), beruflichen Identitäten und in Beschreibungen von Fallkonstellationen.

REFLEXIONSFRAGEN

- Wird in Hypothesen, in Beispielen, in Texten auf die binäre Konstruktion »Männer und Frauen«, bzw. »männlich und weiblich« zurückgegriffen?
- Welche geschlechterstereotypen Zuschreibungen werden in Beschreibungen und Deutungen benutzt und was bewirken diese?
- Welche Machteffekte werden damit in der konkreten Situation erzeugt bzw. reproduziert?
- Weshalb wird z. B. eine binäre Unterscheidung von »Männern und Frauen« überhaupt verwendet?
- Was würde die Berücksichtigung einer Vielfalt bzw. Pluralität der Geschlechter verändern?

Mögliche Intervention/Dekonstruktion

- binäre Differenzkonstruktionen kritisch aufgreifen und hinterfragen
- geschlechterstereotype Zuschreibungen (z. B. in Hypothesen oder in Fallbesprechungen) ggf. thematisieren und hinterfragen, bzw. ggf. diese Konstruktion markieren, paraphrasieren bzw. spiegeln – d. h. nicht so stehen lassen und damit bestätigen (vgl. → Kapitel »Diversity – ein Konzept für die Beratungspraxis«, *Diversity als menschenrechtsbasiertes Konzept*, dort: *Allparteilichkeit*)
- Unterscheidungen als historisch machtvolle Zuweisungen im Kontext von Geschlechternormen und einer tradierten Abwertung vorgeblich ›weiblicher‹ Eigenschaften (anstatt als ›natürlich gegeben‹) thematisieren und kontextualisieren, z. B. durch Erweiterung von Hypothesen, wenn bestimmte Berufe oder Tätigkeiten als »weiblich« beschrieben und abgewertet werden: »An Grundschulen arbeiten viele Frauen* als Lehrer*innen – nicht, weil dies ein ›weiblicher‹ Beruf ist, sondern, …«

- das Aufrufen binärer Konstruktionen (z.B. durch *gender*bezogene Adressierung von ›Gruppen‹ (»die Männer«, »die Frauen«) bewusst machen
- das Aufrufen binärer Konstruktionen im eigenen professionellen Handeln als beratende Person bewusst verändern

UNDOING GENDER

Undoing Gender (Butler 2004) bezeichnet Interaktionsformen und Praktiken, welche die Zweigeschlechterordnung, Geschlechternormen und deren Relevanz unterlaufen – z.B.:

- die Zweigeschlechterordnung – also die binäre Konstruktion – bewusst *nicht* aufzurufen, d.h., ›Gruppen‹ *nicht* genderbezogen adressieren (»Was denken die Männer dazu?«)
- ›Gruppen‹ *nicht* mit geschlechterstereotypen Zuschreibungen anzusprechen (»Die Frauen wissen das, weil sie ja …«)
- in Hypothesen, aber auch in Fallbesprechungen geschlechterstereotype Zuschreibungen zu vermeiden bzw. zu hinterfragen
- *Gender*normen und Zweigeschlechtlichkeit durchkreuzende Selbstpositionierungen anerkennen (siehe unten *Impulse Sprachhandeln*)

IMPULSE SPRACHHANDELN

ANERKENNUNG DER PLURALITÄT DER GESCHLECHTER, NUTZUNG MÖGLICHST INKLUSIVER SCHREIB- UND SPRECHWEISEN

- Es gibt nicht *eine* ›richtige‹, sondern viele unterschiedliche Möglichkeiten, Geschlechterpluralität sichtbar zu machen bzw. auch Aufmerksamkeit für das Problem der Nennung nur eines bzw. nur zweier Normgeschlechter zu wecken. Verschiedene Optionen wurden bisher entwickelt, die inzwischen vielfach genutzt und auch laufend weiterentwickelt werden:

u. a. der *Unterstrich* oder *Gap* (z. B.: Berater_innen) sowie der *Asterisk* oder das *Gender-Sternchen* (Berater*innen), die auf ein Kontinuum von Geschlechteridentitäten zwischen, jenseits und über Normgeschlechter hinaus verweisen. Im Sprechen lassen sich beide als kurze *Pause* einbinden.

ANERKENNEN VON SELBSTBEZEICHNUNGEN

Menschen nutzen unterschiedliche Selbstbezeichnungen im Zusammenhang pluraler Geschlechtsidentitäten. Diese grenzen sich von z. B. medizinischen Fremdbezeichnungen ab oder verweisen mit der Nutzung des Asterisk bei z. B. trans* oder inter* auf die Offenheit möglicher Identitäten. Selbstbezeichnungen anzuerkennen – und im Prozess, wo notwendig, Fremdbezeichnungen kritisch zu thematisieren –ist zum einen im Sinn von Inklusion und Diskriminierungsschutz/-kritik und unterstützt zum anderen Reflexionsprozesse und Perspektivenerweiterung aller Beteiligten.

BERÜCKSICHTIGEN PLURALER GESCHLECHTSIDENTITÄTEN UND ANERKENNEN SELBSTGEWÄHLTER PRONOMEN

Personen beziehen sich im Benennen ihrer Geschlechtsidentität auf unterschiedliche Pronomen bzw. alternative Formen, wie z. B.:

- anstelle eines Pronomens: Nennung des Namens
- Verwendung nicht-binärer Pronomen (z. B. »*they/them*« aus dem Englischen oder »*hen*« aus dem Schwedischen) anstelle binärer Pronomen (»er«/»sie«)
- Verwendung binärer Pronomen (»er«/»sie«), ggf. mit Asterisk, Unterstrich (»er*«/»sie*«, (»er_«/»sie_«), o. a.

In der *Ansprache* von Personen ist nach Möglichkeit das von der betreffenden Person gewählte *Pronomen* bzw. die gewünschte

Adressierungsform zu beachten und zu verwenden. (vgl. dazu z. B.: https://nibi.space/pronomen [27.07.2021])

Das Ermöglichen des Nennens der *gewünschten Adressierung* zu Beginn eines Gruppenprozesses kann produktiv dazu beitragen, die Selbstverständlichkeit der binären Geschlechternorm für alle Anwesenden ins Bewusstsein zu rufen und reflektierbar zu machen.

MISSGENDERN

Missgendern bedeutet, dass eine Person einem Geschlecht zugeordnet und/oder über sie mit einem Pronomen gesprochen wird, mit dem sie sich nicht identifiziert.

Das kann unabsichtlich passieren. Es kann aber z. B. auch in abwertender Absicht eingesetzt werden. *Misgendering* betrifft vor allem trans* und nichtbinäre Menschen, ist verletzend und kann Dysphorie auslösen. (Queer Lexikon)

Machtkritische professionelle Haltung im Umgang mit Pronomen

Die Verwendung und Nutzung nicht-binärer Pronomen ist für Menschen, die sich vorwiegend in heteronormativ orientierten Räumen bewegen, in der Regel ungewohnt. Häufig werden – unabsichtlich – internalisierte binäre Pronomen weiterhin für Personen benutzt, obwohl diese ihre Pronomen bereits mehrfach mitgeteilt haben.

- Um die Wiederholung von Verletzungen zu vermeiden, ist der Fokus auf das Wohlergehen der Personen, die ein »*Missgendern*« erfahren, zu richten und die Wahrung der Integrität dieser Personen zu unterstützen.
- Eine solidarische und zugleich fehlerfreundliche Haltung unterstützt den Umgang mit möglichen privilegierten Abwehrreaktionen und kritische Selbstreflexion (vgl. → Kapitel »Diskriminierung und Diskriminierungskritik«).

Positionierung als professionelle, machtkritische Haltung bedeutet

- die eigene Positioniertheit zum Ausgangspunkt kritischer Reflexion zu machen (Geschlechtsidentität und geschlechtliche Zuordnung)
- sich die eigene Sozialisation und verinnerlichte Geschlechternormen bewusst zu machen und als Prägungen und Wahrnehmungsperspektive zu benennen
- das Verstricksein in patriarchale gesellschaftliche Strukturen und patriarchales Wissen mit zu reflektieren
- Zweigeschlechterordnung, Gendernormen und Patriarchales Wissen (u. a. die historisch tradierte Abwertung von Frauen* und als »weiblich« bzw. als »nicht-männlich« kategorisierten Bereichen und Berufen) zu reflektieren und als solche zu benennen
- Aufmerksamkeit dafür, diese Normen und Machtwirkungen nicht zu reproduzieren

RASSISIERUNG

Mit den *Black Lives Matter* Bewegungen rückte Rassismus stärker in ein gesellschaftliches Bewusstsein und fand Eingang auch in Mainstream-Medien. Dennoch bleibt Rassismus in der Wahrnehmung der meisten Menschen – vor allem Angehöriger der *weißen* Mehrheitsgesellschaft – ein Thema, das eher als randständiges (Stichwort »Einzeltäter«) oder als »Extremismus«-Problem betrachtet wird und nicht als *strukturelles* Thema der Gesellschaft.

Rassismus basiert auf gesellschaftlich tief verankerten, rassistischen Wissensbeständen, die auf eine lange Tradition rassistischer Unterdrückung und Kolonialgeschichte zurückgehen und in gesellschaftlichen Strukturen und Praxen (zumeist unbewusst) reproduziert werden. Auch in zahlreichen Begriffen, die noch immer oft selbstverständlich zur Alltagssprache gehören, wird rassistisches Wissen (meist unbewusst) reproduziert; ebenso wie in politischen oder auch in pädagogischen Konzepten (wie »Integrations-«politik oder »interkulturellen« Ansätzen) oder auch in alltäglichen Situationen.

Rassismus zu thematisieren ist auch heute nach wie vor von »Widerständen« und Abwehrreaktionen begleitet. In vielen Debatten um Rassismus sind Reaktionen wie »Man wird ja wohl noch sagen dürfen …« deutlich öfter zu beobachten als Impulse für kritische Selbstreflexion. Rassismus machtkritische Interventionen entgegenzusetzen bedeutet daher vor allem, verinnerlichtes rassistisches Wissen zu erkennen und zu thematisieren.

MACHTVERHÄLTNIS/ DIFFERENZORDNUNG:	*race* / Rassistische Zuordnung bzw. Zuschreibung / Rassisierung
DISKRIMINIERUNGS-›KATEGORIEN‹:	Ethnische Herkunft (AGG) / Ethnische Zugehörigkeit (GlGB) / Sprache / visuelle Marker (z. B. ›Hautfarbe‹ als Kriterien für VerAnderung / rassistische Diskriminierung
INKLUSIVE, ALTERNATIVE BEGRIFFE:	Migrationsgesellschaft / »postmigrantische Gesellschaft« (vgl. dazu: Foroutan 2015, El Tayeb 2016, Foroutan 2019, Langhoff) / »Interkultur« (Terkessidis 2010)

Konstruktion

Der Begriff Rassisierung (bzw. auch *Rassialisierung* oder *Rassifizierung*) wird in deutschsprachigen rassismuskritischen Texten verwendet, um auf die soziale Praxis rassistischen Markierens zu verweisen. Rassisierung als soziale Praxis – basierend auf dem wissenschaftlich längst widerlegten, und dennoch bis heute wirkmächtigen Konzept menschlicher ›Rassen‹– re-produziert rassistisches Wissen und damit verbundene Kategorisierungen und Hierarchisierungen.

- Die Erfindung sogenannter menschlicher ›Rassen‹ ist – obwohl es auch lange vorher schon rassistische Strukturen gab – in institutionalisierter Form ein *Produkt der europäischen Aufklärung* (sowohl der Philosophie als auch der Naturwissenschaften).
  Vor allem ›äußerlich‹ bzw. visuell wahrnehmbare Unterscheidungskriterien wie z. B. ›Hautfarbe‹ wurden in den sogenannten ›Rassetheorien‹ der Aufklärung als Kriterien für die Behauptung von ›Rassen‹-Unterschieden definiert.

Sie sind wissenschaftlich unhaltbar und längst widerlegt (Foroutan et al. 2018). »*Das Konzept der Rasse ist das Ergebnis von Rassismus und nicht dessen Voraussetzung.* [...] Es gibt [...] kein einziges Gen, welches ›rassische‹ Unterschiede begründet.« (Deutsche Zoologische Gesellschaft 2019)

- Rassismus und das Konzept ›Rasse‹ als Instrument der Typologisierung und Klassifizierung wurden im Zuge der Aufklärung und des Kolonialismus mithilfe pseudowissenschaftlicher Theorien systematisch etabliert und institutionalisiert.
- Diese dienten – unter dem Vorwand der ›Zivilisierung‹ – der *Legitimation* europäischer *Kolonialraubzüge* – der Verfolgung, Versklavung und Ermordung von Millionen von Menschen.
- Im NS wurde das Konzept ›Rasse‹ erneut Grundlage für menschenverachtende Klassifizierung und für *NS-Verbrechen* und auch neonazistische Positionen heute knüpfen daran an.
- »Rassismus ist eine weiße Ideologie, ein Denksystem, das in Europa erfunden wurde, um aus einer weißen Machtposition heraus Ansprüche auf Macht, Herrschaft und Privilegien zu grundieren und ihre gewaltvolle Durchsetzung zu legitimieren.« (Arndt, Ofuatey-Alazard 2011, S. 12; vgl. UNESCO 1950)
- Erst auf Betreiben von Menschenrechtsinitiativen gibt es nun Entwicklungen, den Begriff der ›Rasse‹ aus Gesetzen (in Deutschland z. B. aus dem Grundgesetz) zu entfernen (vgl. Dt. Inst. für Menschenrechte 2010/20)
- Nach wie vor aber prägt der Begriff rassistische Gesellschafts*strukturen* und rassistisches Wissen. Nach wie vor wird an Kriterien wie ›Hautfarbe‹ ›ethnisch‹ oder ›kulturell‹ konnotierte ›Andersheit‹ rassisierend festgemacht.

Rassismus heute bezieht sich in der Regel nicht mehr explizit auf den Begriff ›Rasse‹, sondern eher auf den der ›Kultur‹ – der jedoch stellvertretend dieselbe Funktion übernimmt – und wird daher auch als »*Rassismus ohne Rassen*« (Balibar, Wallerstein 2014, S. 28) bezeichnet.

KULTURALISIERUNG / KULTURELLER RASSISMUS / NEORASSISMUS

An die Stelle der Behauptung biologisch-genetischer Unterschiede tritt eine Hierarchisierung vorgeblich ›gegebener‹, unveränderlicher ›Kulturen‹ bzw. ›Ethnizitäten‹. Es handelt sich um einen Rassismus, *»der – jedenfalls auf den ersten Blick – nicht mehr die Überlegenheit bestimmter Gruppen oder Völker über andere postuliert, sondern sich darauf ›beschränkt‹, die Schädlichkeit jeder Grenzverwischung und die Unvereinbarkeit der Lebensweisen und Traditionen zu behaupten.«* (Balibar, Wallerstein 2014, S. 28)

Rassisierung wirkt dabei als Kulturalisierung weiter, indem Menschen auf ihre (vermeintliche) kulturelle Zugehörigkeit und entsprechende Zuschreibungen reduziert werden (bsp. *antimuslimischer Rassismus,* s. u. → *Religion/›Kultur‹*).

Mit einer Hierarchisierung von ›Kulturen‹ geht z. B. auch eine Hierarchisierung von Sprachen (Linguizimus) einher: etwa wenn es darum geht, welche Sprachen anerkannt und gefördert werden, auf welche Sprachkompetenz anerkennend und auf welche abwertend bzw. ablehnend reagiert wird (welche Rolle z. B. osteuropäische Sprachen, Arabisch, oder Türkisch in Bildungs-, Behörden- oder Alltagskontexten in Migrationsgesellschaften wie Deutschland oder Österreich gegenüber Deutsch, Englisch oder Französisch spielen) – und wie Mehrsprachigkeit unterschiedlich anerkannt, bzw. nicht anerkannt wird.

Rassisierung zeigt sich in Form der Kulturalisierung und auch der Ethnisierung in verschiedenen Begriffen, die juristisch, statistisch, bzw. alltagssprachlich verwendet werden. Es wird deutlich, wie rassistisch konnotierte Zuordnungen und Zuschreibungen aus Begriffen »sprechen« (vgl. Arndt, Ofuatey-Alazard 2011) und reproduziert werden.

- Die Bezeichnung »ETHNISCHE HERKUNFT« z. B. wird als *Diskriminierungs-›Kategorie‹* genutzt, um rassistische Diskriminierung zu benennen (vgl, u.a. AGG in Deutschland). Gleichzeitig ist der Begriff durch rassistisch geprägte Zuschreibungen und Zuordnungen konnotiert: Nicht allen Menschen wird gleichermaßen eine ethnische Herkunft zugeschrieben. So ist z.B. in Bezug auf *weiße* Schwed*innen oder Französ*innen in der Regel nicht von »ethnischer Herkunft« die Rede, wohl aber in Bezug auf z.B. Schwarze Deutsche oder Sint*ezza und Rom*nja, Menschen die nicht als z.B. »deutsch« oder »österreichisch« gelesen werden (obwohl sie dies sind). Der Begriff wird also in der Regel nicht verwendet, um *weiße* Personen zu bezeichnen (vgl. Arndt, Ofuatey-Alazard 2011).

- Auch die Bezeichnung *»Menschen mit Migrationshintergrund«* wirkt als rassistisch konnotierte Zuschreibung: Der 2004 für statistische Zwecke eingeführte Begriff diente der prozentualen Erhebung eines Bevölkerungsanteils, auch um damit verbundene Barrieren und Benachteiligungen statistisch abzubilden. Der Begriff wirkt jedoch zugleich essenzialisierend und bezieht sich nicht auf tatsächliche Migrationserfahrung. Vor allem die alltagssprachliche Verwendung trennt zunehmend zwischen Menschen *mit* und Menschen *ohne* »Migrationshintergrund« und konstruiert damit »Migrationsandere« (Mecheril 2004, S. 36) – Menschen, die als ›anders‹, als ›fremd‹, als ›nicht zugehörig‹ markiert – und auch hierarchisiert, also abgewertet – werden. Auf diese zuweisenden/zuschreibenden, verAndernden Effekte weist explizit auch der UN-Antirassismusausschuss (CERD) hin. (Klose, Liebscher 2015)

Das Konzept ›Rasse‹ und damit unterschiedliche Formen von Rassisierung bedingen verschiedene wirkmächtige Diskriminierungsformen, die auch in Beratungskontexten eine Rolle spielen:

DISKRIMINIERUNGSFORMEN:

Rassismus / Kulturalismus (Neo-Rassismus) / Antimuslimischer Rassismus / kolonialer Rassismus / Rassismus gegen Schwarze Menschen / Rassismus gegen Sint*ezza und Rom*nja (Gadjé-Rassismus) / Anti-Asiatischer Rassismus/ Rassismus gegen Menschen die nicht als mehrheitszugehörig gelesen bzw. ethnisierend/kulturalisierend verAndert werden / …

Dekonstruktion

- Mit dem englischsprachigen Begriff *race* ist eine jahrzehntelange kritische Auseinandersetzung und Wiederaneignung durch rassismuserfahrene (rassisierte) Aktivist*innen und Theoretiker*innen verknüpft (*Critical Race Theory*). Der Begriff *race* lässt sich nicht einfach mit dem deutschen Begriff ›Rasse‹ übersetzen, welcher eng mit Kolonialismus, NS-Geschichte und faschistischen Ideologien verknüpft ist.
- Der Begriff der *Rassisierung* ermöglicht eine Reflexion und Dekonstruktion rassistischer Typologisierungen und VerAnderung (*Othering*).

OTHERING – VERANDERUNG

Postkoloniale rassismuskritische Ansätze beschreiben, wie Menschen durch Unterscheidung, Kategorisierung und Abgrenzung allererst *zu ›Anderen‹ gemacht* werden.

Edward Said und Gayatri Chakravorty Spivak prägten dafür den Begriff *Othering*, (Said 1991; Spivak 1985) um zu verdeutlichen, wie dadurch, dass Menschen durch generalisierende Zuschreibung negativ bewerteter Eigenschaften zu (rassisierten) ›Anderen‹, zu ›Fremden‹ gemacht – *verAndert* (Reuter 2002, S. 146) – werden, die eigene Position eines (westlichen) ›Wir‹ als Norm behauptet und abgesichert wird.

Othering dient also in erster Linie der *Selbstbestätigung* und *Behauptung von Überlegenheit* gegenüber als ›minder(wertig)‹ konstruierten ›Anderen‹. Den so definierten ›Anderen‹ wurden (und werden) abwertende Attribute wie ›wild‹, ›entwicklungsbedürftig‹, ›primitiv‹ oder ›emotional‹ zugeschrieben, oder durch stereotype Bilder wie z. B. »märchenhafter Orient« exotisiert. Die westliche Selbstdefinition wurde dagegen als ›zivilisiert‹, ›fortschrittlich‹ und ›rational‹ behauptet – um damit die legitimatorische Grundlage für koloniale Enteignung, Ausbeutung und Unterdrückung zu schaffen.

Said und Spivak beschreiben, wie die koloniale Konstruktion der rassisierten ›Anderen‹ auch heute als verinnerlichtes rassistisches Wissen und fortgesetzte VerAnderung/*Othering* weiterwirkt.

Dies prägt alle gesellschaftlichen Bereiche und Strukturen wie etwa integrationspolitische Konzepte und Maßnahmen, Diskurse zu Migration, Arbeitskonzepte, definitionsmächtige Bezeichnungen und gesellschaftliches Zusammenleben (vgl. Mecheril et al. 2010, S. 42).

Othering und damit verbundene Prozesse der Rassisierung zeigen sich auch in alltäglichen Interaktionen in post-kolonialialen Gesellschaften und heutigen Migrationsgesellschaften. Mit dem Begriff Alltagsrassismus können die verAndernden und zugleich rassisierenden Praxen und Machteffekte benannt werden.

ALLTÄGLICHES *OTHERING* – ALLTAGSRASSISMUS

Alltägliche Bemerkungen, scheinbar harmlose Fragen nach der vermeintlichen Herkunft (»Woher kommen Sie denn *eigentlich*?«), oder vermeintlich gut gemeinte Komplimente (»Sie sprechen aber gut deutsch!«) sind ebenfalls Formen von *Othering*.

Zum Ausdruck kommt, wer als einer Mehrheitsgesellschaft zugehörig – z. B. in Deutschland als ›deutsch‹, in Österreich als ›österreichisch‹ – gelesen wird und wer nicht.

Die sich kontinuierlich wiederholende (nicht singuläre) Erfahrung ist eine Erfahrung, permanent aufs Neue zu ›Anderen‹ gemacht zu werden (Mecheril et al. 2010, S. 11). Sie beinhaltet immer auch eine Unterstellung ›unveränderbarer‹ ›kultureller‹ Differenz. (Kulturalisierung)

»Die Unterstellung, eine Person gehöre eigentlich woanders hin, ist zumeist mit weiteren Unterstellungen über die Natur dieses ›Woanders‹ verbunden. Bemerkungen darüber, wie es bei ›euch‹ zugeht, haben die meisten Menschen mit Migrationshintergrund schon einmal gehört.« (Terkessidis 2010, S. 77)

POSTKOLONIALE UND DEKOLONIALE THEORIEANSÄTZE basieren wesentlich auf der *rassismuskritischen Arbeit Schwarzer bzw. BIPoC Aktivist*innen*. Sie umfassen ein großes Spektrum an Zugängen und kritischen Auseinandersetzungen mit globalen Machtverhältnissen als Folge des europäischen Kolonialismus und dessen bis heute in allen Gesellschaften bestehenden Machtwirkungen.

Es geht dabei nicht nur um die Kritik materieller Unterdrückung und territorialer und ökonomischer Ausbeutung, sondern auch um eine Kritik eurozentrischen Denkens und dessen Universal-Ansprüchen – also um eine Kritik an *Othering* hinsichtlich Definitionsmacht und epistemischer Gewalt (Spivak 1999). Postkoloniale Theorie ist so immer auch eine Intervention (Castro Varela, Dhawan 2015, S. 17) in die eurozentristischen Narrative und in das damit verbundene Ausblenden post-/kolonialer Herrschaftsstrukturen.

Postkoloniale und dekoloniale Theorien setzen der Behauptung von Universalität und Eindeutigkeit lokales Wissen, Erfahrungen und Hybridität bzw. hybride Identitäten entgegen. Damit wurden (selbst-)ermächtigende Handlungskonzepte (*agency*, Bhabha 1994), Koalitionen des Widerstands und der Solidarität (Lugones 2010), oder das Konzept des *talking back* (Lugones 2010) als Handlungsstrategien entwickelt.

Inzwischen gibt es verschiedene, auch in dieser Tradition verortete Ansätze, die rassisierende, kulturalisierende Machtverhältnisse auch in gesellschaftspolitischen (wissenschaftlichen) Diskursen dekonstruieren und damit auch Perspektiven machtkritisch erweitern. Denn in dominanten Diskursen und im vorherrschenden Alltagsverständnis werden ›Kultur‹ und ›kulturelle Differenz‹ (der »Migrationsanderen«) nach wie vor als Integrationshindernis betrachtet. Rassismus und Alltagsrassismus als (eigentliche) Integrationshindernisse werden in der Dominanzkultur eher selten thematisiert.

Konzepte wie z. B. »*Interkultur*« (Terkessidis 2010) beschreiben alltagsrassistische Barrieren und richten den Fokus auf Institutionen und deren rassismuskritische Umgestaltung. Anstatt auf »Integration« im Sinn einer von Ankommenden erwarteten Anpassung an eine Mehrheitsgesellschaft richtet sich dabei der Fokus auf die unumgänglich notwendige Annäherung und Veränderung auch letzterer, der Mehrheitsgesellschaft.

Hybride Identitäten

- Die Essentialisierung kultureller Identität und die Annahme einer unveränderlichen oder ›angeborenen‹ ethnischen oder nationalen Identität werden durch postkoloniale und *Cultural Studies* Ansätze als Macht- und Herrschaftsdiskurse dekonstruiert. Identität als hybride Identität wird demgegenüber als prozesshaft, nicht als feststehend betrachtet, als aktiv hergestellt, als Aneignungsprozess.
- Hybride Identitäten beziehen sich auf die Idee transnationaler Räume im Kontext von Migrationsgesellschaften sowie auf die Verwobenheit verschiedener Machtverhältnisse (s. u. *Intersektionale Machtverhältnisse*). Sie bedeuten Mehrfachzugehörigkeiten, Ambiguitäten und die Möglichkeit der Gleichzeitigkeit, eines Sowohl-als-Auch.
- »Überall entstehen kulturelle Identitäten, die nicht fixiert sind, sondern im Übergang zwischen verschiedenen Positionen schwe-

ben, die zur gleichen Zeit auf verschiedene kulturelle Traditionen zurückgreifen und die das Resultat komplizierter Kreuzungen und kultureller Verbindungen sind, die in wachsendem Maße in einer globalisierten Welt üblich werden.« (Hall 1994, S. 218f.)

- Hybride Identitäten sind also allgegenwärtig. Sie sind vor allem kein Problem, sondern vielmehr eine Ressource.

Interkultur und Postmigrantische Gesellschaft

- Interkultur verweist – ähnlich wie der Begriff »postmigrantisch« bzw. »postmigrantische Gesellschaft« (Foroutan et al. 2014) – auf Migration (Zu- und Abwanderung) als selbstverständlicher Bestandteil von Gesellschaft, sowie auf nach wie vor wirksame Ausgrenzungsprozesse. Die dringende Notwendigkeit, bislang marginalisierte Positionen und Perspektiven als gleichberechtigt zugehörig zu einer postmigrantischen Gesellschaft anzuerkennen wird damit deutlich gemacht.

Die Konzepte einer »postmigrantischen Gesellschaft« sowie einer »Interkultur« lassen sich durchaus auch als Anspruch an Beratungsräume, an die Gestaltung von Beratungssettings oder von Ausbildungen formulieren und produktiv machen.

Konstruktion und Dekonstruktion: Rassisierung in der Beratungspraxis

OTHERING/VERANDERUNG als machtvolle Praxis der Identitätsbildung durch Grenzziehung wird u.a. deutlich etwa in Konstruktionen von »wir« und »die«, damit verknüpften Hierarchisierungen, Exotisierungen, stereotypisierenden Zuschreibungen, auch in der Beratung.

REFLEXIONSFRAGEN IN BEZUG AUF *OTHERING*

- Wird in Hypothesen, Beispielen oder Texten auf Konstruktionen von ›Andersheit‹ – auf *Othering* – zurückgegriffen? (z. B. durch Markierungen wie »wir« und »die«, oder »bei uns« und »bei denen«)
- In welchem Zusammenhang werden Markierungen wie »ethnische Herkunft«, »Hautfarbe« oder »mit Migrationshintergrund« verwendet?

Intervention – Nachfragen

- Was genau wird mit der Unterscheidung hervorgehoben?
- (Weshalb) Ist sie überhaupt notwendig? Um welche Unterscheidungen und welche Machtverhältnisse geht es dabei?
- Welche Unterscheidungen und Machtverhältnisse werden aufgerufen bzw. damit reproduziert?
- Was genau wird mit den Begriffen bezeichnet?
- Welche Zuschreibungen sind damit verbunden?
- Was soll *eigentlich* bezeichnet, benannt werden?

Ein Benennen der Situation, Benennen der VerAnderung *als solcher* – und eine Positionierung bzw. ein Signal, dass VerAnderung und deren Effekte wahrgenommen wurden, wirken inkludierend und prozessunterstützend.

KULTURALISIERUNG ist – oft unbewusst – Teil vieler Konzepte (z. B. »interkultureller« Arbeit) und prägt Wirklichkeitskonstruktionen. Der Begriff »Kultur« bzw. die Idee »kultureller Differenz« (auch im Verständnis von »interkulturell«) tritt häufig als Praxis des *Othering* auf: In der Regel wird »Kultur« – vor allem im Alltagsgebrauch – eher als unveränderliches Unterscheidungs-›Merkmal‹ verstanden, weniger als komplexe Prozesshaftigkeit bzw. als vielfältige, sich überschneidende, auch widersprüchliche Aneignungsprozesse von Lebensweisen und Kulturtechniken. Im Sinn einer essenzialisierten ›kulturellen Identität‹ (Mecheril et al. 2010) wird der Begriff »Kultur« häufig benutzt, um Ausgrenzung und Ungleichbehandlung zu legitimieren.

REFLEXIONSFRAGEN IN BEZUG AUF KULTURALISIERUNG

- Weshalb und in welchem Kontext wird der Begriff »Kultur« benutzt und welche Unterscheidung soll damit markiert werden?
- Was genau ist in dieser Situation / diesem Kontext mit »Kultur« gemeint?
- Werden Unterschiede fokussiert, oder gibt es Gemeinsamkeiten?
- Welche Unterschiede – und welche Gemeinsamkeiten – werden wahrgenommen? Welche nicht?
- Welche weiteren Dimensionen/Facetten der Menschen, die den benannten »Kulturen« zugeordnet werden, sind möglicherweise dabei noch nicht in den Blick gerückt?
- Was würde deren Berücksichtigung verändern?

ALLTAGSRASSISMUS wird häufig nicht wahrgenommen und aus einer mehrheitsgesellschaftlichen Perspektive als »gut gemeint« verteidigt und re-produziert. Die Perspektive derjenigen, die Alltagsrassismus erleben, wird bei dessen Thematisierung häufig weiter marginalisiert (vgl. → Kapitel »Diskriminierung und Diskriminierungskritik«, *sekundäre Diskriminierung*).

REFLEXIONSFRAGEN IN BEZUG AUF ALLTAGSRASSISMUS

- Wem werden welche Fragen gestellt (z. B. zu Herkunft oder ›kulturellem‹ Wissen über vermeintliche Herkunftsländer)?
- Was genau wird damit tatsächlich erfragt?
- Was unterscheidet diese Fragen von jenen, die mehrheitszugeordneten Menschen gestellt werden?

- Wem wird ›Anders‹-Sein (z. B. auch als Repräsentant*in für ›Vielfalt‹ in einer Gruppe) zugeschrieben?
- Wem werden welche (positiven bzw. exotisierenden) ›Eigenschaften‹ oder Talente als ›natürlich‹ zugeschrieben (z. B. Musikalität oder ›interkulturelle‹ Kompetenz)?
- Was bedeutet das für die betreffende(n) Person(en)?

Intervention

- Benennen, markieren, spiegeln von (vermeintlich harmlosen) Fragen z. B. nach »Herkunft« und von VerAnderungs-Effekten (auch durch positiv konnotierte Zuschreibungen)
- Analyse: Was passiert und weshalb? (nach Möglichkeit ohne Menschen zu beschämen; ggf. in Einzelgesprächen)

Impulse Sprachhandeln

Diskussionen und Verunsicherung bezüglich (»korrekter«) Bezeichnungen sind gesellschaftlich und auch in Beratungskontexten immer wieder präsent. Hilfreich ist Aufmerksamkeit auf: Was wird als Selbstbezeichnung benutzt? Was sind Fremdbezeichnungen (die daher nicht verwendet/reproduziert werden sollten)? Dabei unterstützt das Vermeiden und Infragestellen eines ›Richtig/Falsch‹-Denkens (welches aktive Auseinandersetzung erschwert bzw. verhindert) den nachhaltigen Lernprozess und eine machtkritische Reflexion und Auseinandersetzung.

MACHTKRITISCHES BEZEICHNEN UND SPRECHEN

Die im Kontext rassismuskritischer Arbeit und *Critical Race Theory* entwickelte Schreibweise von »*weiß*« (klein und kursiv) und »*Schwarz*« (Großschreibung) verweisen darauf, dass sich die Bezeichnungen nicht auf ›biologische Merkmale‹ (wie z. B. ›Hautfarbe‹ oder vermeintliche ›Ethnizität‹) einer Person beziehen, sondern dass es sich um soziale Konstruktionen und soziale und politische Verortungen, um Möglichkeiten von Zugang und Teilhabe und damit verbunden Erfahrungen von Privilegisierung bzw. Marginalisierung handelt.

»*Schwarz*«, ebenso wie »*PoC*« (*People of Color*), bzw. der Erweiterung »*BIPoC*« (*Black, Indigenous People of Colour*), verweisen als politische und widerständige Selbstbezeichnungen sowohl auf die gesellschaftliche Positioniertheit im Zusammenhang von Kolonialgeschichte und Rassismuserfahrungen – als auch auf eine Verbundenheit und Solidarität in Bezug auf Rassismuserfahrungen in *weißen* Mehrheitsgesellschaften (Ha 2013). Die Großschreibung verweist auf die im Zuge Schwarzer Bürgerrechtsbewegungen geprägte selbstermächtigende Nutzung der Begriffe.

»*weiß*« bezeichnet die dominante, normgebende und durch Rassismus privilegierte gesellschaftliche Positioniertheit (in *weißen* Mehrheitsgesellschaften sowie auf globaler Ebene in Bezug auf Kolonialgeschichte). Die Bezeichnung dient dem Sichtbarmachen dieser sonst unmarkierten Positioniertheit und der in der Regel für sie unsichtbaren Effekte von Rassismus.

Auch wenn der Begriff »*coloured*« – oder »farbig« – alltagssprachlich nach wie vor häufig verwendet und als ›korrekte‹ Bezeichnung empfunden wird, so reproduziert er als rassistische Bezeichnung kolonial-rassistische Denk-, Wahrnehmungs- und Gewaltstrukturen und ist daher zu vermeiden. Es handelt sich um einen Begriff aus der Kolonialgeschichte, der keine Selbstbezeichnung, sondern eine FREMDBEZEICHNUNG ist, um Menschen als nicht-*weiß* zu kategorisieren und damit hierarchisierend zu klassifizieren (*Othering*).

POSITIONIERUNG ALS PROFESSIONELLE, MACHTKRITISCHE HALTUNG BEDEUTET:

- Rassismus als gesellschaftliches Machtverhältnis zu benennen und unterschiedliche gesellschaftliche Positioniertheiten – *weiß*-›Sein‹, of-Color- / Schwarz-›Sein‹ – zum Ausgangspunkt kritischer Reflexion zu machen
- insbesondere die (eigene) dominante gesellschaftliche Positioniertheit, *weiß*-›Sein‹ – sowie damit verbundenes Nicht-Wissen – kritisch zu thematisieren
- verinnerlichte (internalisierte) rassistische Strukturen (rassistisches Wissen) sowie damit verbundene Normen kritisch zu reflektieren
- Verstrickungen und Verantwortung – insbesondere als *weiße* Person(en) – im Kontext gesellschaftlich verankerter rassistischer Strukturen zu thematisieren
- (z. B. durch machtkritische, inklusive Sprache, machtkritische, selbstreflexive Haltung, Einsatz von Privilegien für Machtkritik, Macht teilen bzw. abgeben)
- Aufmerksamkeit zu schärfen, um rassistische Strukturen (rassistisches Wissen) nicht (weiter) zu reproduzieren
- Macht- und rassismuskritische Bezeichnungspraxen und die kontinuierliche kritische Veränderung von Bezeichnungen anzuerkennen, sich explizit auf diese zu beziehen und Räume für diese zu öffnen
- Diskriminierungsschutz mit dem Ermöglichen eines Lernprozesses für alle zu verbinden (vgl. → Kapitel »Diversity_ – machtkritische professionelle Prozessbegleitung«, *Diversity_ – Solidarische Kritik und Inklusion*)

SOZIO-ÖKONOMISCHE ZUORDNUNG, KLASSE

Obwohl Studien (vgl. z. B. OECD- und PISA-Studien) kontinuierlich darauf verweisen, dass soziale Herkunft maßgeblich über Bildungschancen, über den Zugang zu Ressourcen und Teilhabe entscheidet – die Unterscheidungskategorie »Klasse« also nach wie vor wirkmächtig ist, auch wenn die Marxsche Definition längst nicht mehr relevant schien – gibt es nach wie vor wenig Bewusstsein dazu, wie Klassenunterschiede entstehen und strukturell (und institutionell) reproduziert werden.

Der fest verankerte *meritokratische Mythos* »Wer nur will und hart genug dafür arbeitet, kann es auch schaffen!« setzt prekäres Einkommen, Erwerbslosigkeit oder Armut, aber auch erschwerten oder verunmöglichten Zugang zu Führungspositionen bzw. gut dotierten Stellen, sowie Verunsicherung, Beschämung und Gefühle des ›Deplatziert-Seins‹ in eine kausale Verbindung mit mangelndem Willen zum Erfolg oder mangelnden Fähigkeiten – sie gelten als selbstverschuldet, nicht als strukturelles Problem (der Ungleichverteilung von Vermögen und Armut sowie von lokalen wie globalen Ausbeutungsverhältnissen).

Zuschreibungen in Bezug auf soziale Herkunft und Klasse wirken auch als verinnerlichte gesellschaftliche Klassenstrukturen und tragen auch in Institutionen und Organisationen zur Verfestigung sozialer Ungleichheit bei. »Klassenreisen« (vgl. Aumair, Theißl 2020) sind nach wie vor mit großen Hürden, Verunsicherung und Diskriminierungsrisiken verbunden, die Menschen in (Bildungs-)Institutionen, Betrieben oder Hochschulen – in Team- und Arbeitskontexten erleben.

MACHTVERHÄLTNIS / DIFFERENZORDNUNG:	*Class(ism)* / Klassismus / Soziale Herkunft / sozioökonomische Zuordnung
DISKRIMINIERUNGS-›KATEGORIEN‹:	* Soziale Herkunft / sozioökonomischer Status / Klasse / ›Schicht‹
INKLUSIVE, ALTERNATIVE BEGRIFFE:	Soziale Gerechtigkeit / *Social Justice* (Czollek et al. 2019)

* Gleichbehandlungsgesetze wie etwa das deutsche AGG oder das österreichische GlBG nennen die soziale Herkunft und Positionierung (noch immer) nicht als Diskriminierungsdimension. Inzwischen ist im Berliner LADG »Sozialer Status« mit aufgenommen (Berliner LADG § 2).

Konstruktion

Die gesellschaftliche Positioniertheit bzw. sozio-ökonomische Zuordnung und damit der Zugang zu Ressourcen sowie Sozialisation bzw. Erfahrungen aufgrund sozialer Herkunft bzw. Klassenzugehörigkeit prägen und bedingen – nach wie vor – in vielfacher Hinsicht Möglichkeiten, Chancen und Lebenswege. Klassenverhältnisse werden über Generationen hinweg als wirkmächtiges, kapitalistisch strukturiertes und weitgehend undurchlässiges gesellschaftliches Ordnungssystem reproduziert.

- Nach marxistischer Auffassung ist jede Gesellschaft seit dem Altertum eine *Klassengesellschaft*, in der Menschen – unterschieden nach ihrem Eigentumsverhältnis zu den Produktionsmitteln – entweder übergeordneten oder untergeordneten Klassen zugeordnet sind (Sklaverei, Feudalismus, Kapitalismus). Klassen entstehen durch systematische Bevorteilung und Benachteiligung, Ausbeutung und Gewalt.
- Im Unterschied zum Marx'schen Klassenmodell, das ökonomisch begründet ist, wird Klasse mittlerweile darüber hinaus auch über einen erweiterten Kapitalbegriff definiert. Neben *ökonomischem* Kapital (Einkommen, Vermögen, Erbe) bestimmen das *kulturelle* Kapital (Bildungsabschlüsse, Bücher oder Kunst, Habitus bzw. das Vermögen, sich in bestimmten Räumen selbstverständlich und selbstsicher bewegen zu können) und das *soziale Kapital* (Netzwerke und Kontakte, z. B. Verbindungen zu Menschen mit Macht und Einfluss), über berufliche oder akademische Möglichkeiten und Zugang zu gesellschaftlichem, ökonomischem und politischem Einfluss und Macht (Bourdieu 1982).
- Klassen- und Einkommensverhältnisse verfestigen sich zunehmend: Die gesellschaftliche und globale Vermögenskonzentration – und damit gleichzeitig auch Armut – steigen seit Jahrzehnten kontinuierlich an. Einer OECD-Studie (OECD 2018) zufolge dauert es durchschnittlich 4,5 Generationen (in Deutschland etwa 6 Generationen), bis die Nachkommen sozial benachteilig-

ter, armer Familien das gesellschaftliche Durchschnittseinkommen erreichen können. Die Schere zwischen Löhnen und Kapital und damit soziale Ungleichheit verschärfen sich zunehmend weiter – global ebenso wie national. So besitzt etwa das reichste Prozent der Bevölkerung in Deutschland ein Drittel der Vermögen (vgl. DIW 2020).

KLASSISMUS

Klassismus bezeichnet die hierarchische Unterscheidung und Benachteiligung aufgrund sozialer Herkunft und sozialer Positioniertheit. *Klassismus* verweist auf strukturelle Aspekte, gesellschaftliche Diskriminierungsstrukturen – auf Zuschreibungs- und Abwertungsmechanismen, auf verinnerlichte Klassenstrukturen als gesellschaftlich wirkmächtige Barrieren (in Bildungseinrichtungen, durch kapitalistische Wirtschaftsweise, Sozialgesetzgebungen, durch Bildungs- und Gesundheitspolitik).

Klassismus ist ein Zuschreibungs- und Wertungssystem, das systematisch Hierarchien reproduziert, diese entweder als ›natürlich gegeben‹ oder als ›selbstverschuldet‹ suggeriert und Ausbeutungs- und Unterdrückungsstrukturen verschleiert: ›Oberschicht‹ versus ›Unterschicht‹, oder gebildet versus ›bildungsfern‹ sind nach wie vor wirkmächtige Zuordnungen, die nicht nur ausgrenzend wirken, sondern auch Selbstverständnis, Lebenswege und Gestaltungsmöglichkeiten prägen.

Mythen der ›sozialen Mobilität‹ und selbstverschuldeter Armut, oder auch der Glaubenssatz *»nur wer arbeitet, darf auch essen«* bedingen herabwürdigende soziale Systeme, wie etwa die Hartz-IV-Gesetzgebungen in Deutschland (Czollek et al. 2019, S. 35) und vielfache Stigmatisierung von erwerbslosen und von armen Menschen.

Klassismus zu thematisieren bedeutet, immer auch Fragen der sozialen Gerechtigkeit (*Social Justice*) und der (Um)Verteilung zu stellen.

Auch in Institutionen und Organisationen werden klassistische Zuschreibungen und Zuordnungen reproduziert – z. B. unbewusste klassistische Vorannahmen wie Norm(ierung)en eines bestimmten (Mittelstands-)Status, die Vermögen und kulturelles sowie soziales Kapital beinhalten. Klassenverhältnisse werden institutionell durch Ausschluss, interaktiv durch Weniger-ernst-nehmen, Belächeln, Verunsicherung, Beschämung, Ausgrenzen und Ignorieren (z. B. in Folge wahrgenommener und klassistisch interpretierter Ausdrucksweise, Habitus, oder Nicht-Beherrschen bürgerlicher ›Codes‹) reproduziert. Diskriminierungsformen in Zusammenhang mit Klasse, sozialer Herkunft und sozioökonomischer Zuordnung sind somit auch in der Beratungspraxis relevant.

DISKRIMINIERUNGSFORMEN:

Klassismus / Ungleiche Verteilung von Vermögen und Armut(srisiko) / kapitalistische Ausbeutung / Soziale Immobilisierung / *Gatekeeping* / Beschämung / …

Dekonstruktion

- Der neoliberal verstärkte *Meritokratie-Mythos*, jede Person sei *ihres Glückes Schmied*in* (und somit auch selbst schuld an Armut und Unglück), *individualisiert* die *Verantwortung* für prekäre Lebensverhältnisse, Armut und beruflichen Erfolg/›Aufstieg‹ bzw. ›Scheitern‹ – um gleichzeitig die unverhältnismäßige Vermögensabschöpfung einiger Weniger als gerechtfertigt darzustellen.
- Der Begriff der *sozialen Herkunft*, wie er in aktuellen klassismuskritischen Kontexten und Antidiskriminierungsgesetzgebungen genutzt wird, fokussiert hingegen auf gesellschaftlich tief verankerte Machtstrukturen. Er fokussiert darauf, wie die (generationenübergreifende) Herkunftsgeschichte, also die Verortung in gesellschaftlichen Klassenstrukturen, den Zugang zu Ressourcen und Möglichkeiten der Teilhabe sowie Zugehörigkeiten und Karrierewege im Lebensverlauf prägen (ermöglichen oder erschweren).

- *Intersektionale kapitalismuskritische Ansätze* dekonstruieren die Kategorisierung und Klassifizierung von Menschen entlang von Differenzordnungen wie z. B. Gender, Rassisierung, Gesundheits-/Körpernormen/Ablebodiedness und »nach Verwertbarkeit als Arbeitskraft im Kapitalismus.« (Voß, Wolter 2015, S. 143). Aufgezeigt wird zudem die spaltende Wirkung dieser Kategorisierungen, welche Solidarisierungen in den weltweiten Kämpfen gegen Verteilungsungerechtigkeit und Ausbeutung verhindern bzw. erschweren.

Klassismuskritik

Der Begriff des Klassismus wurde in den 1970er Jahren von Aktivist*innen wie dem feministischen Arbeiter*innen-Kollektiv »*The Furies*« in New York neu definiert, um – über klassisch-marxistische Ansätze hinausweisend – auf die intersektionale Verwobenheit herkunftsbedingter Benachteiligung mit anderen Machtverhältnissen wie Sexismus und Rassismus aufmerksam zu machen (vgl. hooks 2000; hooks 1981; Kemper/ Weinbach 2009).

FEMINISTISCHE KLASSISMUSKRITISCHE FORSCHUNG problematisiert die in altmarxistischen, aber auch in rechtspopulistischen Positionen tradierte Idealisierung der Figur des (weißen, männlichen) »(Fabrik-)Arbeiters«, um die machtkritische Perspektive deutlich zu erweitern und den Fokus auf die kritische Auseinandersetzung mit intersektional komplex verwobenen Diskriminierungsstrukturen zu richten. »*Tatsächlich haben trans* Personen, alleinerziehende Mütter und Menschen, die Rassismus erfahren, ein hohes Armutsrisiko.*« (Seeck/Theißl 2021, S. 17f.)

Besonders seit Beginn der COVID-19-Pandemie wurde unübersehbar, wie Klassismus, Rassismus, Sexismus sowie auch Ableismus und Bildungsbenachteiligung sich wechselseitig verstärken.

ARMUTSFORSCHUNG, ELITEN-/REICHENFORSCHUNG UND NGOS wie (seit den 1990er Jahren) nationale Armutskonferenzen analysieren die gesellschaftliche Verteilung von Kapital, Besitz und Teilhabechancen, deren Entwicklung bzw. kontinuierliche Verfestigung und treten für eine Offenlegung von Kapital/Besitz und für eine entschiedene Politik zur Veränderung bestehender Ausgrenzungsstrukturen ein.

DER HABITUS-BEGRIFF (Bourdieu 1982) benennt das »Klassen*un*bewusste« als *Verinnerlichung* gesellschaftlicher Hierarchien, als frühe Prägungen durch internalisierte Klassenpositionen der Herkunftsfamilie und dessen Ausdruck. Wohlhabende, durch die soziale Position der Herkunftsfamilie privilegierte Menschen etwa verfügen so über eine Sprache, die Zugänge erleichtert, bewegen sich mit Leichtigkeit, Selbstverständlichkeit und Selbstsicherheit in Institutionen und kennen klassenbezogene Verunsicherung nicht.

SOCIAL JUSTICE

»Der Begriff Social Justice verweist auf ein spezifisches Gerechtigkeitsdenken, das gleichzeitig Verteilungs-, Anerkennungs-, Befähigungs- und Verwirklichungsgerechtigkeit in den Blick nimmt.« (Czollek 2019)

Social Justice (soziale Gerechtigkeit) fokussiert auf eine inklusive und partizipativ ausgerichtete Gesellschaft. Unterschiedliche Gerechtigkeitsformen sind demzufolge miteinander verwoben: Zugang zu Ressourcen, Sicherheit und Wohlbefinden (gerechte Verteilung von Gütern) und die Ermöglichung von aktiver Teilhabe und Mitgestaltung. Institutionen sind in diesem Sinn gefordert, dafür zu sorgen, dass Menschen teilhaben können.

Social Justice beinhaltet eine strukturelle Perspektive und einen intersektionalen Ansatz, d.h. die Berücksichtigung unterschiedlicher, miteinander verwobener gesellschaftlicher Machtverhältnisse.

Social Justice als Konzept kann im Kontext von Beratung einen Orientierungspunkt und eine Perspektive bilden, aus der Themen oder Problemstellungen betrachtet und möglicherweise anders »bewertet« oder kontextualisiert werden können.

Konstruktion und Dekonstruktion: Klasse und Klassismus in der Beratungspraxis

Klassismus wird erst in der letzten Zeit verstärkt wissenschaftlich und diskursiv verhandelt. Die Themen Klasse, Klassenzugehörigkeit, soziale Herkunft und zur Verfügung stehendes Kapital sind (bislang) eher tabuisiert, spielen jedoch in Beratungskontexten – in vielen prekären Beschäftigungsverhältnissen, in Berufsbiografien und in Organisationskulturen ein Rolle.

Auseinandersetzung mit und Thematisieren von Klassismus und Klassismuserfahrungen ermöglichen, den Blick auf Strukturen zu richten und individualisierte Erfahrungen als geteilte – und vor allem als *strukturell bedingte – Erfahrungen* wahrzunehmen. Sie können auch verdeutlichen, wie *inkorporiertes kulturelles Kapital* (Bourdieu 1982) sich als körperliche Ressource manifestiert: in Wohl- bzw. Unwohlbefinden (Angst, Stress) bzw. in Gefühlen der Verunsicherung, des ›Deplatziert-Seins‹ in Situationen und Kontexten, deren »Spielregeln« nicht aus der eigenen Herkunftsgeschichte bekannt und vertraut sind.

REFLEXIONSFRAGEN

- Welche soziale Herkunft, welche sozialen Verortungen in Gruppen oder Teams werden angenommen/unterstellt? Welche Rolle spielen sie in der Organisation (Was ist in dieser die Norm)? Wie wird auf sie reagiert?
- Wessen Perspektive wird wie bewertet? Welche/wessen Perspektiven sind dominant, ›selbstverständlich‹?
- Welche Zuschreibungen hinsichtlich Bildungs- und beruflicher Erfahrungen finden im Beratungskontext statt?
- Welches unterschiedliche Gewicht wird Beiträgen von unterschiedlichen Personen beigemessen (aus welcher Abteilung oder Hierarchiestufe, aufgrund welcher Marker, welches wahrgenommenen Habitus bzw. welcher Zuschreibungen)?

- Welche Beteiligten eines »Systems« sind in Beratungssettings anwesend? Wer nicht (z. B. Sekretariat, Verwaltung, Gebäudeverantwortliche)?
- Welche Begriffe und welche Zuschreibungen (wie z. B. »bildungsfern« oder »sozial schwach«) werden benutzt – ggf. im Hinblick auf Adressat*innen der Arbeit?
- Was sagen sie *eigentlich* aus?
- Wie selbstverständlich werden finanzielle oder andere Ressourcen vorausgesetzt (wie z. B. im Hinblick auf Teilnahme an Fortbildungen, Veranstaltungen, oder Anreisen zu Tagungen)?

Impulse Sprachhandeln

KLASSISMUSKRITISCH BEZEICHNEN UND SPRECHEN BEINHALTET:

- Bewusst von *sozialer Herkunft* statt von sozialem Status zu sprechen, um die Bedeutung einer Benachteiligungsgeschichte sichtbar zu machen
- machtverschleiernde Hierarchisierungen wie ›oben‹ und ›unten‹ (implizit auch z. B. im Begriff »sozialer Aufstieg«) vermeiden bzw. durch ein Benennen von Dominanz- und Diskriminierungsstrukturen ersetzen (z. B. »soziale Benachteiligung«)
- von *Klasse* zu sprechen, nicht von »Milieu« oder »Schicht« (da beide Begriffe eine strukturelle Verortung dethematisieren und Zuschreibungen eher kulturalisieren bzw. als ›natürlich‹ behaupten).
- gängige Begriffe wie »sozial schwach« oder »bildungsfern« kritisch zu thematisieren – um die Individualisierung und Naturalisierung struktureller Probleme zu vermeiden – und durch Begriffe zu ersetzen, *die Probleme als strukturelle* benennen: z. B. durch Macht- und Ausbeutungsverhältnisse bedingte Armut und gesellschaftliche Benachteiligung.

LEGITIMATION WIRKMÄCHTIGER UNTERSCHEIDUNGEN DURCH SPRACHE

Hierarchisierende binäre Konstruktionen von ›oben‹ und ›unten‹ oder ›gebildet‹ (bzw. ›bildungsnah‹) und ›bildungsfern‹ verfestigen und legitimieren tendenziell Ausschlüsse und Privilegierung:

Der Begriff »bildungsfern« etwa suggeriert, es gäbe bei den so bezeichneten Personen oder Familien ein Desinteresse an Bildung, als quasi ›natürliche‹ Eigenschaft (es ist auch die Rede von »bildungsfernen Schichten«).

Das Versagen von Bildungssystemen in ihrem Auftrag, alle Menschen zu erreichen, niemanden auszusondern, Zugangsbarrieren auszugleichen und Bildungschancen herzustellen, wird damit ausgeblendet. Unsichtbar gemacht wird zudem, dass die als »bildungsfern« Bezeichneten gerade durch ein Versagen des Bildungssystems überhaupt erst als solche konstruiert werden.

»In der Folge legitimiert die Figur auch die gesellschaftliche Besserstellung von den durch das Bildungssystem nicht benachteiligten Gruppen, die – ohne es so benennen zu müssen – als bildungsnah gesehen werden und damit ihre gesellschaftliche Besserstellung verdienen.« (Foitzik et al. 2019)

Wirkmächtige Unterscheidungen, die u.a. durch Begriffe wie »bildungsfern« entstehen, verfestigen und legitimieren gleichzeitig Klassenunterschiede: Nicht die Institutionen mit ihrem Bildungsverständnis und ihren *Ausschlussmechanismen* seien verantwortlich für Barrieren, die so bezeichneten Menschen werden stigmatisiert und selbst verantwortlich gemacht für ihre Situation.

Positionierung als professionelle, machtkritische Haltung bedeutet:

- die eigene *soziale Herkunft* als gesellschaftliche Positioniertheit zum Ausgangspunkt kritischer Reflexion zu machen

- eigene verinnerlichte Klassenstrukturen und Normen zu reflektieren
- Verstrickungen in Klassenstrukturen, damit verbundenes Nicht-Wissen zu thematisieren
- kapitalismus-/machtkritisches Wissen zu benennen und zugänglich zu machen
- klassistisches Wissen zu benennen, Abwertungen, die sich auf gesellschaftliche Klassen beziehen, zu thematisieren
- Aufmerksamkeit dafür, klassistische Zuschreibungen und Zuordnungen – und damit Abwertungs-, Beschämungs- und Ausgrenzungsstrukturen – nicht (weiter) zu reproduzieren

HETERONORMATIVITÄT

Schwule, lesbische, queere Lebens- und Beziehungsformen, sowie die Pluralität von Geschlechtern erscheinen einerseits präsent, fast selbstverständlich – z. B. in den Medien, in der Literatur, in Filmen und Serien. Andererseits ist gesellschaftliche Präsenz und gesellschaftliche Anerkennung nach wie vor keine Selbstverständlichkeit. Vielmehr nimmt die Zahl der Gewalttaten zu, mobilisieren christlich- und rechts-konservative Gruppen gegen die Akzeptanz sexueller und geschlechtlicher Pluralität und gehört »schwul« nach wie vor zu einem der meist verwendeten Schimpfwörter auf Schulhöfen.

Welche Lebensweisen und Beziehungsformen, welche Geschlechterverhältnisse, welche Formen der Gemeinschaft und des Zusammenlebens werden im Arbeitsalltag, in Organisationen, in Behörden, in Gesetzen und Versicherungssystemen, in Bildungseinrichtungen, oder im Beratungskontext als ›normal‹, als Norm angenommen? Und welche werden dabei ausgeblendet? Mit welchen Ausgrenzungen und Barrieren sind Menschen, die nicht in heterosexuelle Beziehungs- oder binäre Geschlechternormen ›passen‹ bzw. sich nicht ›passend‹ machen (können), konfrontiert?

MACHTVERHÄLTNIS / DIFFERENZORDNUNG:	Heteronormativität / sexuelle Normierung
DISKRIMINIERUNGS- ›KATEGORIEN‹:	sexuelle Orientierung (GlGB) / sexuelle Identität (AGG)
INKLUSIVE, ALTERNATIVE BEGRIFFE:	Pluralität von Liebens- und Lebensweisen

Konstruktion

Heteronormativität, ein im Kontext der *queer studies* geprägter Begriff (s.u.), bezeichnet das Zusammenwirken der nach wie vor wirkmächtigen Zweigeschlechterordnung – und damit verbundener Normen, Stereotype und Verhaltenserwartungen – und der Definition von Heterosexualität als ›natürlich‹ behaupteter gesellschaftlicher Norm. Diese Norm prägt wirkmächtig alltägliche Vorstellungen bzw. Vorannahmen (in wen werden Kinder sich später verlieben), aber auch Institutionen, z.B. in Lehr- und Lernmaterialien (welche Beziehungsformen werden abgebildet bzw. gelebt). Heteronormativität basiert auf der Norm des Zweigeschlechtermodells, welche die Grundlage für die Annahme und wirkmächtige Konstruktion der ›Normalität‹ von Heterosexualität bildet.

- Michel Foucault zeigte in seinen Studien der 1970er und 1980er Jahre (Foucault 1977–1986) auf, dass die ›Natürlichkeit‹ von Heterosexualität ein Konstrukt medizinisch-psychiatrischer Diskurse ist, ein Prinzip der Regulierung und Macht.
- »Homosexualität« als Begriffsschöpfung des 19. Jahrhunderts diente der Unterscheidung ›abnorm(al)en‹ Begehrens gegenüber ›normalem‹ Begehren, also der Benennung der ›Abweichung‹ von der (medizinisch-psychiatrischen wie auch gesellschaftlichen) Norm der Heterosexualität.
- Diese Norm(ierung) wird gestützt durch Naturalisierung/Biologisierung – indem sie an die Annahme der Existenz zweier, vor-

geblich ›biologisch‹ klar voneinander abgrenzbarer Geschlechter (Zwei-Geschlechter-Modell) und der ›Natürlichkeit‹ eines zweigeschlechtlichen, heterosexuellen Begehrens geknüpft wird.
- Die mit dem Zwei-Geschlechter-System verbundenen Geschlechternormen und hierarchisch strukturierten Geschlechterverhältnisse (Abwertung von ›Weiblichkeit‹ und Aufwertung von (Hetero)›Männlichkeit‹ als Norm) bedingen heteronormative Abgrenzungen und Ausgrenzungen sowie Gewalt gegen queere, gegen lesbische, schwule, bi*sexuelle Menschen.

Heteronormativ geprägte Diskriminierungsformen spielen auch in der Beratungspraxis eine Rolle.

DISKRIMINIERUNGSFORMEN:

Heterosexismus / Heteronormativität / »Homo-«feindlichkeit / Queerfeindlichkeit / Sexualisierte Gewalt gegen queere, als lesbisch oder schwul gelesene Menschen / …

Dekonstruktion

- Aktuelle Forschungen der Biologie und Neurowissenschaften widerlegen sowohl das Zwei-Geschlechter-Modell als auch die daraus abgeleitete Annahme einer ›Natürlichkeit‹ von Heterosexualität. Sie verweisen dabei auf die historische (stets interessegeleitete) Entwicklung und mehrfachen Veränderungen solcher Modelle sowie auf deren Verwobenheit mit gesellschaftlichen Machtverhältnissen (Ebeling/Schmitz 2006; Voß 2010).
- Die Formulierung »Lebens- und Liebensweisen« benennt, dass es weniger um Sexualität als vielmehr um Pluralität von Identitäts-, Lebens-, Beziehungs- und Familienformen geht, um diverse Modelle und (Selbst-)Verständnisse von Identität, Verantwortung für einander / für andere und sozialem Zusammenleben.

Gender und Queer Studies (Queer Theory)

Der Begriff *Heteronormativität* wurde zu Beginn der 1990er Jahre in den *Gender und Queer Studies* geprägt (Butler 1991; Warner 1991), um die Verflechtung von HETEROSEXUALITÄT, ZWEIGESCHLECHTERMODELL und GESCHLECHTERNORMEN kritisch zu analysieren, auf die sich Macht-, Ungleichheits- und Herrschaftsverhältnisse gründen.

Gender und *Queer Studies* als »Verunsicherungswissenschaften« bieten Grundlagen für die Dekonstruktion überkommener Konzepte und ›Gewissheiten‹. Ebenso wie in jeder anderen Wissenschaft als kontinuierliche Prozesse laufenden In-Frage-Stellens und Weiterentwickelns neuer Modelle der Wirklichkeitskonstruktion, sind auch Modelle wie Heterosexualität nicht als ›natürlich gegebene‹ Eindeutigkeit zu verstehen, sondern als historisch und gesellschaftlich kontextualisierte Konstrukte, die dazu dienen, tatsächliche Komplexität und Un-Eindeutigkeit beherrschen bzw. handhaben zu können.

Gender und *Queer Studies* bzw. heteronormativitätskritische Ansätze beziehen sich auf soziale und kulturelle, auf politische und ökonomische Machtdimensionen von Heteronormativität – sowie auf biologisch-medizinische Modelle von Geschlecht und Sexualität und die Naturalisierung von Heterosexualität in der Biologiegeschichte.

- Mithilfe der Begriffe *Homonormativität* (Duggan 2002) und *Homonationalismus* (Puar 2007) wird der Analysefokus auch auf normative Ausschlüsse gerichtet, die vor allem seitens *weißer* queerer Positionen durch Anpassungsbestrebungen an eine westlich bzw. durch den globalen Norden definierte heteronormative Mehrheitsgesellschaft, (re)produziert werden. Denn auch *queere* communities befinden sich nicht ›außerhalb‹ bestehender Machtverhältnisse und sind nicht unbeeinflusst von diesen. Auch in LSBTIQ* oder queeren Zusammenhängen gibt es Ausschlüsse aufgrund rassistischer, klassistischer oder weiterer Normierungen – wie z. B. Ehe als dominantes Beziehungs- und Familienmodell, das auch für queer lebende Personen beansprucht wird. Viele, sich als *queer* definierende Menschen, die diesen Normen nicht entsprechen wollen (oder können), werden durch rassistische, klassistische, ableistische u.a. Normierungen ausgeschlossen (z.B. geflüchtete oder Be_hinderte LSBTIQ*-Personen).

Konstruktion und Dekonstruktion: Heteronormativität in der Beratungspraxis

In vielen Arbeitszusammenhängen und Organisationen wird Heterosexualität nach wie vor häufig als Norm angenommen, (voraus) gesetzt und reproduziert. Menschen beziehen sich in ihren Vorstellungen und Vorannahmen nach wie vor meist auf heterosexuell organisierte und strukturierte Lebens- und Liebensweisen.

REFLEXIONSFRAGEN

- Werden in Hypothesen, in Beispielen, in Texten heteronormative (zwei- und gegengeschlechtlich definierte bzw. normierte) Beziehungskonstruktionen vorausgesetzt? (Wer verliebt sich in wen? Wer heiratet wen? Wer verbringt mit wem in der Vorstellung selbstverständlich das Wochenende?)
- Wie selbstverständlich wird z.B. in Hypothesen oder auch Fallbesprechungen von heteronormativen Konstellationen ausgegangen? Wird nach erziehenden bzw. erziehungsberechtigten Personen und statt nach Vater und Mutter nach *sozialen* Vätern und Müttern gefragt? Werden verschiedene Konstellationen von »Regenbogenfamilien« grundsätzlich mitgedacht?
- Wie »normal« bzw. selbstverständlich nehme ich als beratende Person verschiedene Lebens- und Liebensweisen wahr?
- Wie selbstverständlich kann ich Heteronormativität auch in Bezug auf meine eigene Wahrnehmung als Norm benennen – meine eigene Positioniertheit benennen – und mich gleichzeitig bewusst macht- und diskriminierungskritisch positionieren im Sinne inklusiver, z.B. trans*offener oder LSBTIQ-offener Räume?

Impulse Sprachhandeln

LSBTIQ* (*ENGL.*: LGBTIQ)

Die Bezeichnung LSBT* für lesbisch, schwul, bisexuell und trans* wurde in den vergangenen Jahren mehrfach erweitert, u. a. durch T*, um verschiedenen Formen von Trans*-Sein gerecht zu werden, durch I* für Inter* und durch Q für Queer.

Begriffe wie »*schwul*«, oder auch »*queer*« (*engl.*: seltsam, schräg) waren ursprünglich abfällige *Fremdbezeichnungen* und wurden im Kontext sozialer Bewegungen angeeignet und zu selbstermächtigenden, positiv umgedeuteten *Selbstbezeichnungen* umdefiniert.

Queer als Selbstbezeichnung steht für Personen, die sich jenseits der heterosexuellen und zweigeschlechtlichen Norm, also jenseits heteronormativer Raster definieren.

Der Begriff »*queer*« wird auch als ein Begriff benutzt, der politisch für die Benennung der Pluralität sexueller und Gender Identitäten/Lebensweisen sowie für eine kritische Position gegenüber der binären Logik dominierender Differenzordnungen benutzt wird, sozusagen als »Schirmbegriff«.

Auf der Grundlage eines solchen *Qu(e)erens* und einer daraus folgenden Pluralität von Gender-Identitäten erweisen sich Konzepte wie »*Homo-*«, »*Hetero-*«, aber auch »*Bisexualität*« als wenig sinnvoll, da sie auf der Annahme von nur *zwei Geschlechtern* basieren. Daher wird in heteronormativitätskritischen Kontexten auch von »*Bi+sexualität*« gesprochen.

»Bi+sexualität, als sexuelle Orientierung, umfasst die emotionale, romantische und sexuelle Attraktion zu mehr als einem Geschlecht.« (https://queer-lexikon.net/ [28.07.2021])

Im Kontext sozialer kritischer Bewegungen gibt es – z. B. unter »Schirmbegriffen« wie »LSBTIQ*« oder »Queer« –gemeinsame Kämpfe und Solidarisierung. Die Differenzierung und explizite Nennung verschiedener Positionierungen ist jedoch zugleich ein wichtiges Zeichen der Sichtbarkeit und der Repräsentation. Gleichzeitig werden die Bezeichnungen *unterschiedlich »genutzt«* bzw. differenziert, oder auch abgelehnt. D. h. auch in Bezug auf die Benennungen existiert *Pluralität* und erfolgt kontinuierliche Weiterentwicklung.

BE_HINDERUNG

Nach wie vor bestehen defizit- und problemorientierte, auch über Diagnosen festgeschriebene Zuordnungen im Hinblick auf Be_hinderung, die sich nicht nur in Bewilligungen von Maßnahmen und Unterstützung, oder in Zugangsmöglichkeiten zu Arbeit, Wohnmöglichkeiten oder Behandlungsmöglichkeiten be_hindernd fortschreiben. Wirkmächtige, dominierende Gesundheits-, Schönheits-, Produktivitäts- und Körpernormen wirken sich vielfach in alltäglichen Situationen aus. Das *»zeigt sich, wenn wir als kompetentes Subjekt auf Augenhöhe gar nicht vorkommen, wenn wir unsichtbar scheinen, wenn über unseren Kopf hinweg über uns entschieden wird. Wenn unsere Freund*innen und Partner*innen als unsere ›Betreuer*innen‹ angesprochen werden. Ableistische Denkmuster führen alles, was wir tun, auf unsere Behinderung zurück: Wir sind schlecht gelaunt, mürrisch und einzelgängerisch oder aber neugierig, freundlich und nett, vermeintlich weil wir behindert sind«* (Mascos 2020, o. S.)

MACHTVERHÄLTNIS / DIFFERENZORDNUNG:	Be_hinderung / physische/psychische Normen / kapitalisierte Leistungs-, Effizienz- und Produktivitätsnormen
DISKRIMINIERUNGS-›KATEGORIEN‹:	Behinderung (AGG, BGStG), chronische Krankheiten
INKLUSIVE, ALTERNATIVE BEGRIFFE:	Ability/Befähigung / *Body Positivity*

Konstruktion

Der Begriff Be_hinderung verweist auf die strukturelle Dimension und darauf, dass Menschen in erster Linie durch gesellschaftliche Strukturen be_hindert *werden*. Der Begriff »Ability« (für den es in der deutschen Sprache kein adäquates Äquivalent gibt) verweist zudem auf die Norm der *Ability*, Normen der Leistungsfähigkeit, Beweglichkeit und auf Körpernormen, die be_hinderte Menschen – Menschen, die be_hindert werden – ausgrenzen und verAndern. Ableismus als Begriff nimmt damit gesellschaftliche Strukturen und Möglichkeiten der Veränderung in den Blick.

- Vor allem neoliberal-kapitalistisch strukturierte Gesellschaften sind – nach wie vor – von historisch tief verwurzelten Vorstellungen bzw. Normierungen von Gesundheit, Bewegungs- und Leistungsfähigkeit, Sexualität, Schönheit und Körperoptimierung geprägt.
- Be_hinderte Menschen werden so zu ›Anderen‹, ›Kranken‹/›Bedürftigen‹/›Problemfällen‹ gemacht, zur ›Abweichung‹ von der Norm.
- VerAnderung erfolgt auch durch gesellschaftliche Segregation (Trennung) und das Prinzip der Aussonderung. Kinder mit bestimmten Erkrankungen werden z. B. nach wie vor eher für Förderschulen empfohlen, obwohl sie auch weitere Schulabschlüsse schaffen (können).
- Werkstätten – die, bezogen auf ihren Auftrag, den Zugang zum allgemeinen Arbeitsmarkt zu unterstützen, durchaus von Bedeutung sind – stellen zugleich nach wie vor nicht nur Orte der Aussonderung, sondern auch der Ausbeutung dar (1,50 € Stundenlohn, keine Tarifverträge, keine Möglichkeit gewerkschaftlicher Organisation, Krauthausen 2020; #StelltUnsEin).
- Gebärdensprache ist nach wie vor nicht als reguläre Sprache anerkannt.
- Gesellschaftliche Ausgrenzung und Absonderung – institutionell wie auch im Alltag, auf dem Arbeits-, oder Wohnungsmarkt, im

Bildungssystem – schaffen einen Mangel an Berührungspunkten zwischen be_hinderten und nicht-be_hinderten Menschen und damit mangelnde Aufmerksamkeit auf Seiten letzterer für die tiefgreifende be_hindernde Wirkung verAndernder Zuschreibungen und alltäglicher Barrieren.

- Ausgeblendet bleibt dabei auch, dass von einer Beseitigung von Barrieren alle Menschen profitieren würden.
- Vor allem aber wird außer Acht gelassen, dass strukturelle, diskursive und materielle *Barrieren* Menschen unterschiedlich in ihren Entfaltungs- und Entwicklungsmöglichkeiten und im Zugang zu ihren Rechten *be_hindern.*
- Nicht immer sind Dispositionen, die ein Risiko bedeuten, be_indert zu werden, sichtbar, wie z. B. Hörbeeinträchtigungen, ADHS, HSP, oder chronische Krankheiten wie HIV, Depression, oder Migräne.

In der Beratungspraxis spielen verschiedene Formen der Be_hinderung und verschiedene damit verknüpfte Diskriminierungsformen eine Rolle.

DISKRIMINIERUNGSFORMEN:

Ableismus / Be_hinderung / Auditismus / Behindertenfeindlichkeit / Lookism / Fatshaming / …

Der Begriff »Behindertenfeindlichkeit« benennt die »Abwertung behinderten Lebens« (Mascos 2020, o. S.) – und gleichzeitig ist diese nicht immer feindlich: »Oft kommt sie eher freundlich daher, als Gratulation zum »Lebensmut«, als das überbordende, nicht immer hilfreiche Helfen im Alltag oder in Gestalt von nett gemeinten Tipps, wie man die chronischen Schmerzen oder die Allergien und das Asthma ganz einfach los wird« (Mascos 2020, o. S.).

Be_hindert-Werden ist kein Phänomen, das nicht-be_hinderte Menschen nicht angeht, oder mit dem sie nichts zu tun haben. Jede

Person kann im Laufe ihres Lebens in Folge von Unfällen, Erkrankungen oder Alter durch zahlreiche materielle ebenso wie soziale und diskursive Barrieren be_hindert werden.

Möglicherweise bedingt diese Tatsache auch die Abgrenzung und Abwehr nicht-be_hinderter Menschen, sich mit den Belangen und Themen von Dis_ability auseinanderzusetzen.

Dekonstruktion

»Behindert ist man nicht, behindert wird man.«

- Mit dieser Formulierung setzten Be_hindertenaktivist*innen in den 1960er Jahren dem dominierenden medizinischen und defektologischen Modell – das nicht ohne die Geschichte des Nationalsozialismus und der systematischen Ermordung von als ›lebensunwert‹ klassifizierten Menschen verstanden werden kann – ein soziales Modell von Be_hinderung entgegen.
- Das soziale Modell sieht als Problem nicht die be_hinderte Person, sondern die gesellschaftlichen Bedingungen (z. B. das Fehlen einer Rampe), die zu verändern sind.
- Der Fokus verschiebt sich damit weg von einer Idee von ›Zugeständnissen‹ hin zu Problemlösungen.
- Das Übereinkommen der Vereinten Nationen für die Rechte von Menschen mit Behinderungen (UN BRK 2008) orientiert sich am sozialen Modell und sollte diesem politisch-gesellschaftliche Wirkung verleihen. Der Begriff »Menschen mit Behinderungen« ist darin bezogen auf Menschen, »*die langfristige körperliche, seelische, geistige oder Sinnesbeeinträchtigungen haben, welche sie in Wechselwirkung mit verschiedenen Barrieren an der vollen, wirksamen und gleichberechtigten Teilhabe an der Gesellschaft hindern können.*« (https://www.behindertenrechtskonvention.info/ [28.07.2021])
- Mit der Ratifizierung der UN-BRK verpflichten sich Mitgliedstaaten, Selbstbestimmung, gleichberechtigte Teilhabe, Partizipation und Inklusion in allen Lebensbereichen sicherzustellen. Inklusion ist damit zu einem einklagbaren Recht geworden.

Disability Studies und Aktivismus

Die *Disability Studies* vollziehen einen weiteren entscheidenden Perspektivwechsel mit dem Blick auf die *gesellschaftliche Konstruktion von »Behinderung«*, vor allem durch Analysen be_hinderungserfahrener Forscher*innen zu ausgrenzenden Strukturen und be_hindernden Prozesse, um daraus Anforderungen und Bedingungen für selbstbestimmtes Leben und für Zugangsbedingungen zu Teilhabe abzuleiten. (Waldschmidt 2005)

INKLUSION

Das Konzept der Inklusion entwirft eine Gesellschaft, in der alle Menschen gleichermaßen akzeptiert sind und gleichberechtigt und selbstbestimmt an dieser teilhaben können.

»In der inklusiven Gesellschaft gibt es keine definierte Normalität, die jedes Mitglied dieser Gesellschaft anzustreben oder zu erfüllen hat. Normal ist allein die Tatsache, dass Unterschiede vorhanden sind. Diese Unterschiede werden als Bereicherung aufgefasst und haben keine Auswirkungen auf das selbstverständliche Recht der Individuen auf Teilhabe. Aufgabe der Gesellschaft ist es, in allen Lebensbereichen Strukturen zu schaffen, die es den Mitgliedern dieser Gesellschaft ermöglichen, sich barrierefrei darin zu bewegen.« (www.inklusion-schule.info/ [28.07.2021])

Die Umsetzung dieses Konzepts erfordert die Entwicklung von neuen Partizipationsformen zur Gewährleistung von Chancengleichheit in den Bereichen Bildung, Arbeit/Beruf und Demokratieentwicklung (entsprechend der Allgemeinen Erklärung der Menschenrechte 1948 und diversen, darauf bezogenen UN-Konventionen).

Notwendig ist auch die Stärkung eines prozessorientierten (anstelle eines Personen- oder ›Gruppen‹-bezogenen) Inklusionsbegriffs, um dadurch fortgeführte Selektions- und Diskriminierungspraktiken zu verhindern (vgl. Zentrum für Inklusionsforschung).

Die Vision der Inklusion kann handlungsleitend für die Gestaltungsmaximen der (eigenen) Beratungspraxis sein (vgl. → Kapitel »Diversity – ein Konzept für die Beratungspraxis«, *Diversity als menschenrechtsbasiertes Konzept*).

Konstruktion und Dekonstruktion: Be_hinderung in der Beratungspraxis

Das Thema Be_hinderung ist häufig tabuisiert, ist nicht immer unmittelbar wahrnehmbar – und wird in Organisationen und Arbeitskontexten häufig als »Störfaktor« bewertet (auch wenn dies selten offen ausgesprochen wird). Inklusion in Organisationen bedarf einer bewussten Strategie, die auch ZuMutungen und in den Blick nimmt und sorgsam, bzw. achtsam mit diesen umgeht.

REFLEXIONSFRAGEN

- Wie sind Strukturen organisiert? Wird *Barrierefreiheit* thematisiert und ermöglicht? Wie wird mit Zeitlichkeit umgegangen?
- Aus wessen Perspektive werden Barrieren thematisiert?
- Wird in Hypothesen, in Beispielen, in Texten auf *Konstruktionen von ›Andersheit‹* (z. B. durch *Viktimisierung*, durch Markierung als ›Opfer‹, ›leidend‹, ›bedürftig‹ oder ›weniger leistungsfähig‹) zurückgegriffen?
- Weshalb wird eine VerAnderung markiert?
- Was genau soll an der betreffenden Stelle ausgesagt werden? Wofür ist diese Benennung/Unterscheidung im konkreten Fall notwendig? Worum geht es *eigentlich*?
- Welche *Machteffekte* werden damit in der konkreten Situation reproduziert/erzeugt?
- Wie kann VerAnderung kritisch thematisiert werden – ohne einzelne Person(en) (gegen ihren Willen) ins Zentrum zu stellen (und damit zu exponieren, oder ›für‹ sie zu sprechen)?

Wie kann es gelingen, stattdessen *Strukturen* kritisch in den Blick zu nehmen?

- Wer wird durch z. B. verwendete (Arbeits-)Materialien angesprochen?
- Wer wird in welcher Weise adressiert (als Repräsentant*in für Qualifikation, Führungskompetenz, Wissen, oder für ›Vielfalt‹/›Buntheit‹, ›Andersheit‹, oder als ›unqualifiziert‹, als ›Problem‹)?
- Wer ist ausgeschlossen bzw. kommt gar nicht vor?
- Werden Selbstbezeichnungen und Selbsteinschätzungen berücksichtigt bzw. ggf. erfragt?

Impulse Sprachhandeln

Die *Schreibweise* Be_hinderung mit Unterstrich (oder mit Asterisk: Behinderung*) verweist darauf, dass Behinderung ein *Be_hindert-Werden* durch gesellschaftliche *Barrieren* ist.

Auch die englischsprachige Schreibweise *Dis_ability* verweist darauf, sowie auf den Konstruktcharakter der Kategorisierung und die fließenden Grenzen zwischen »*disabled*« und »*abled*«.

Menschen die be-hindert werden, sind immer auch *abled*. Auch im Zusammenhang von Be_hinderung gibt es unterschiedliche Selbstbezeichnungen und auch kritische Positionen gegenüber einzelnen Versuchen inklusiver Benennungspraxen. Auch in diesem Zusammenhang sind Selbstbezeichnungen anzuerkennen und in konkreten Situationen ggf. zu erfragen.

RELIGION / ›KULTUR‹

Religion tritt aktuell in den Medien häufig eher als Problem in Erscheinung (z. B. Missbrauchsskandale in der katholischen Kirche, oder Debatten um »politischen Islam«) denn als Sinnstiftung und Orientierung. Viele Menschen werden durch die Zuschreibung einer bestimmten Religionszugehörigkeit oder Weltanschauung Abwertung, Ausgrenzung und Diskriminierung ausgesetzt (z. B. im Fall von Antimuslimischem Rassismus oder von Antisemitismus). Wie also kann eine »gesellschaftliche Praxis der nicht-hierarchisierenden Anerkennung von Verschiedenheit« im Sinn eines »pluralen Universalismus« (Maihofer 2017, S. 93f.) entwickelt werden?

MACHTVERHÄLTNIS / DIFFERENZORDNUNG:	Religionszugehörigkeit/-zuordnung / ›Kultur‹ / Ideologie
DISKRIMINIERUNGS-›KATEGORIEN‹:	Religion und Weltanschauung (AGG, GlGB)
INKLUSIVE, ALTERNATIVE BEGRIFFE:	Sinnfindung/-orientierung/-ressource / Religiöse und weltanschauliche Vielfalt

Religion und Weltanschauung werden rechtlich definiert als »für die Lebensführung eines Menschen verbindliches und identitätsstiftendes Verständnis des menschlichen Lebens und der Welt, welches von einer relevanten Zahl anderer geteilt wird.« (Antidiskriminierungsstelle des Bundes 2016, S. 11)

Rechtlich geschützt sind durch Art. 4 GG nicht nur die positive Religions- und Weltanschauungsfreiheit, sondern auch die negative Religionsfreiheit. In diesem Sinne ist auch die Konfessionsfreiheit bzw. eine säkulare Positionierung im Rahmen der Weltanschauungsfreiheit antidiskriminierungsrechtlich geschützt (vgl. Antidiskriminierungsstelle des Bundes 2016, S. 11).

Konstruktion

Religion und Weltanschauung sind für viele Menschen zentrale, sinnstiftende Bezugspunkte und gleichzeitig ist »Religion« (aktuell und historisch) immer auch verknüpft mit (historischen) gesellschaftlichen Machtverhältnissen und mit Machtpolitik.

Aktuell erleben insbesondere jüdische Menschen und muslimisch gläubige, oder als »jüdisch«, bzw. dem muslimischen Glauben zugeordnete Menschen Ausgrenzung und Gewalt. Dabei spielen vor allem tief verankerte, historisch etablierte und wirkmächtige Stereotype eine Rolle. Gewalt und Diskriminierung gegen muslimisch gläubige und jüdische Menschen (bzw. so zugeordnete Menschen) basiert immer auch auf kulturalisierenden Rassismen und VerAnderungen (in unterschiedlichen Ausprägungen), nicht auf Religionszugehörigkeit bzw. -zuordnung allein.

Obwohl viele Menschen sich als nicht-gläubig oder atheistisch definieren, wirkt das Christentum (in europäischen Mehrheitsgesellschaften) als Norm. Deutlich wird dies u.a. anhand gesetzlicher Feiertage, aber auch Bezugnahmen auf sogenannte »christliche Werte«, die jenseits religiöser Glaubenssätze vor allem der Abgrenzung (s. z.B. »Leitkultur«-Debatten) dienen.

- Sowohl Antisemitismus in seinen derzeitigen Erscheinungsformen als auch antimuslimischer Rassismus basieren, wenn auch auf unterschiedliche Weise, historisch auf einer *Biologisierung* der Differenz (Rommelspacher 2015, S. 6)
- *Antisemitismus*: Der christliche Antijudaismus bildet die Grundlage für den völkisch-rassenideologischen Antisemitismus, dessen tief verwurzelte Motive und Stereotype nach wie vor reproduziert werden. Die Philosophien der Aufklärung bilden hierfür wesentliche Grundlagen (vgl. Rommelspacher 2015).
- Antisemitismus wird mit einer Biologisierung (und Wertung) religiöser Unterschiede legitimiert. Gleichzeitig richtet sich – im Unterschied zu (anderen) rassistischen Ideologien – die Projektion im Antisemitismus als Hass gegen »*die* Juden« auf eine als übermächtig imaginierte und homogenisierte Gruppe (vgl. Rommelspacher 2015, S. 8f).
- Antisemitismus heute zeigt sich vor allem in Form eines sogenannten *sekundären Antisemitismus*. Nach der Shoah, dem Völkermord an Juden*Jüdinnen, ausgehend von Deutschland, tritt sekundärer Antisemitismus in Form von Tabuisierung und Schuldabwehr bzw. Verantwortungsabwehr auf.

- Antisemitismus tritt aktuell vor allem auch in Form eines israelbezogenen Antisemitismus, wenn Kritik an der israelischen Politik mit antisemitischen Stereotypen und Bildern verknüpft wird bzw. Juden*Jüdinnen weltweit pauschal für die Politik Israels »verantwortlich« gemacht werden.
- *Antimuslimischer Rassismus* ist historisch eng mit den kolonialen, rassistischen Konstruktionen von ›Orient‹ und ›Okzident‹ verbunden (vgl. oben → *Rassisierung*, dort *Othering*). »*Der* Islam« wird als Gegenpol zu einem als »aufgeklärt, fortschrittlich, emanzipativ« konstruierten »Westen« pauschalisiert und essenzialisiert. So wird behauptet »*der* Islam« sei nicht mit »westlichen Werten« vereinbar (sondern »rückständig, konservativ und patriarchal«),
- Der Islam als Weltreligion wird häufig gleichgesetzt mit Islamismus bzw. Extremismus.
- Historisch wie auch aktuell als *Herrschaftsideologien* benutzt, dienen Religionen, vor allem aber das europäische Christentum, auch der Sanktionierung anderer Denk- und Lebensweisen, sowie der Legitimierung von Kolonialismus, Missionierung, Ausbeutung, Unterdrückung und auch Vernichtung

KULTURALISIERENDER RASSISMUS

Oft wird eine (zugeschriebene) Religionszugehörigkeit pauschal mit dem Begriff »Kultur« belegt. Wenn damit häufig eine *biologisierende* bzw. *ethnisierende* Zuschreibung verallgemeinerter ›Eigenschaften‹ und ›Merkmale‹ an eine – auf diese Weise als ›homogen‹ konstruierte – ›Gruppe‹ einhergeht, kann dies als *Kulturalisierung* bzw. *Kulturalismus* (oder auch als *Neorassismus*) bezeichnet werden.

Die *Kulturalisierung* und *Ethnisierung* als homogenisierte ›Gruppe‹ und gleichzeitig Pauschalisierung als »potenzielle Gefahr« setzt auf die Dämonisierung der derart konstruierten ›Anderen‹, die vor allem der Bewahrung von materiellen und symbolischen Privilegien dient. (Vgl. Castro Varela/Mecheril 2016)

- *Diskriminierungsrisiken*: »Menschen werden insbesondere dann häufig diskriminiert, wenn ihre Religionszugehörigkeit sichtbar wird, z. B. durch das Tragen bestimmter Kleidungsstücke, wie z. B. einer Kippa oder eines Kopftuchs, oder durch die Teilnahme an religiösen Festen« (vgl. Antidiskriminierungsstelle des Bundes 2021). Vor allem muslimisch gläubige Frauen, die ein Kopftuch tragen, werden in der Arbeitswelt »überdurchschnittlich häufig« diskriminiert. »Dabei werden sie z. B. von ihren Arbeitgeber*innen aufgefordert, ihr Kopftuch abzunehmen und viele werden gar nicht erst zum Bewerbungsgespräch eingeladen« (Antidiskriminierungsstelle des Bundes 2021). Diese Benachteiligungen werden häufig mit dem Argument, bzw. dem Wunsch oder Anspruch der Neutralität begründet. ›Neutralität‹ wird in diesem Zusammenhang jedoch an ein christlich-protestantisch geprägtes Verständnis von Religion geknüpft: In diesem Verständnis wird Religion als ›Privatsache‹ – bzw. als ›innerer‹ Glaube verstanden – wohingegen im Islam oder auch im Judentum handlungsorientierte und sichtbare Religionspraxen (Speisegebote, ritualisierte Gebete, Kleidung) bedeutsam sind (vgl. Shooman 2015). Sogenannte ›Neutralitätsgebote‹ (wie das Berliner Neutralitätsgesetz) setzen ein christlich-protestantisches Verständnis als Norm.
- Öffentliche Diskussionen um ›Neutralität‹, etwa Debatten um das Kopftuch, werden meist pauschalisierend, weniger differenzierend (etwa in Bezug auf regional und kulturell unterschiedliche Formen und individuellen Motive) geführt.
- In solchen Debatten manifestiert sich Abwertung und Ausgrenzung,
  - die in erster Linie an Frauen festgemacht wird und diese stereotypisiert und marginalisiert (s. o. → *Sexismus*; *Antimuslimischer Rassismus*; sowie → *Intersektionale Machtverhältnisse*),
  - die die tatsächliche Ungleichbehandlung (unterschiedlicher Religionen) mit dem Verweis auf Neutralitätsgebote verdeckt

(→ Kapitel »Diskriminierung und Diskriminierungskritik«, *mittelbare Diskriminierung*). Dies führt aktuell z. B. dazu, dass Kopftuch tragende muslimische Frauen pauschal von der Ausübung bestimmter Berufe ausgeschlossen sind.

In Zusammenhang mit Religion und ›Kultur‹, bzw. mit Religion und Weltanschauung (wie rechtlich beschrieben und geschützt) verbinden sich verschiedene Diskriminierungsformen, die auch in der Beratung eine Rolle spielen:

DISKRIMINIERUNGSFORMEN:

Antisemitismus / Antimuslimischer Rassismus / Kulturalismus / Religionszwang / …

Dekonstruktion

- *Differenzierte Auseinandersetzung mit Fundamentalismen und Macht in Bezug auf Religion*: Die Sanktionierung und Unterdrückung anderer Denk- und Lebensweisen, sowie patriarchale Unterdrückung sind Teil aller Religionen, die immer auch als Herrschaftskonstruktion wirkmächtig sind. Dies trifft z. B. für den Islam, (mit Blick auf die Kolonialgeschichte) insbesondere aber auch für das Christentum zu. Sowohl historisch als auch aktuell weisen beide restriktive und patriarchale Ausprägungen auf. »*Diese werden aber dem Islam in einer Weise zugesprochen, die patriarchale Traditionen in christlichen Religionen eher dethematisiert.*« (Foitzik et al. 2019, S. 18)
- Extremismus und Fundamentalismus sind immer auch in Zusammenhang mit kulturalisierenden und ethnisierenden Rassismen zu verstehen. die bei extremistische Entwicklungen eine Rolle spielen. *Rassismuskritische Arbeit* kann daher mit ein wirksamen Ansatz gegen Extremismus bzw. in der *Extremismusprävention* sein.

- Die Projektion bzw. das Auslagern gesellschaftlicher Probleme auf ›die Anderen‹ (*othering*) – z. B. durch die Darstellung von Antisemitismus als ein vorwiegend von Migrant*innen »importiertes« Problem – dient vor allem der Legitimierung von Diskriminierung und dem Verdrängen der Verantwortung (etwa für eine notwendige selbstkritische Aufarbeitung des NS).
- *Intersektionale Perspektiven:* Religionsideologien sind immer auch mit weiteren Macht- und Dominanzverhältnissen wie vor allem Rassismus oder auch Sexismus intersektional eng verwoben (vgl. → *Intersektionale Machtverhältnisse*), wie sich anhand der seit Jahren international zunehmenden »*Interventionen insbesondere von christlicher und islamischer Seite gegen die sich vollziehenden Veränderungen in den Geschlechterverhältnissen*«, gegen Feminismus, Gleichberechtigung und gegen Genderforschung zeigt (Maihofer 2017, S. 93f.).
- Auch die Zunahme *religiöser Fundamentalismen* kann in diesem Sinn als *patriarchale Reaktion* auf die »globale Bedrohung einer Gleichberechtigung der Geschlechter« (Casanova 2009, S. 18) verstanden werden.
- Erkenntnisse der Genderforschung und ein antiessentialistisches Verständnis von Geschlecht stellen für Religionen und das mit diesen verbundene androzentrische Weltverständnis eine Bedrohung dar, weil damit der Vorstellung einer ›natürlichen‹ oder ›gottgewollten‹ heteronormativen Zweigeschlechterordnung der Boden entzogen wird.
- Andrea Maihofer betont, dass auch *Säkularismus* nicht per se als Gegenpol zu Religionsideologien gesehen werden kann. In seiner historischen Verflochtenheit mit Kolonialismus, Rassismus, Sexismus und Klassismus sowie angesichts des bis heute andauernden »*Missbrauch[s] westlicher Staaten Gewalt, Krieg und Terror im Namen des Säkularismus und der Gleichstellung zu rechtfertigen*« ist er kritisch zu betrachten und in Hinblick auf einen »*pluralen Universalismus*« weiterzuentwickeln. (Maihofer 2017, S. 94 und S. 104–107)

- Kritische Allianzen im Sinne eines »pluralen Universalismus« sind nur möglich, wenn gleichzeitig eine kritische Reflexion kulturalisierender Rassismen in Bezug auf Religion erfolgt.

Kulturalismuskritische/rassismuskritische Arbeit und Theoriebildung

Kulturalismuskritische/rassismuskritische Arbeit und Theoriebildung richtet den Fokus auf die strukturelle Verfasstheit von Kulturalismen anstelle der Vorstellung ›individueller‹ ›Ausnahmefälle‹, ›Pathologien‹ einer Feindlichkeit gegenüber vorgeblich homogenen ›Gruppen‹.

Um deutlich zu machen, dass auch Kulturalismus bzw. Neorassismus kein individuelles, sondern ein strukturelles Problem ist, plädiert die Rassismusforscherin Iman Attia für die Verwendung des Begriffs *Antimuslimischer Rassismus* – anstelle gängiger, soziologischer Begriffe wie *Islamophobie* bzw. *Islamfeindlichkeit* – und für eine entsprechend komplexere Analyse (Attia 1994 und 2014). Denn das Suggerieren einer *singulären* (individuellen) ›Feindlichkeit‹ innerhalb einer sonst vorgeblich offenen Gesellschaft verkenne die *strukturale* Qualität und die historische Dimension dieses Machtverhältnisses.

Das auf rassismuskritische Theoriebildung referierende Konzept *Antimuslimischer Rassismus* ermöglicht Attia zufolge, den Fokus auf die gesellschaftlich-strukturelle Verfasstheit von Rassismus und seine Wirkmächtigkeit auf struktureller, institutioneller, diskursiver und interaktionaler Ebene zu richten und Interventionen dagegen auch entsprechend auf all diesen Ebenen anzusetzen.

Konstruktion und Dekonstruktion: Religion und ›Kultur‹, in der Beratungspraxis

Die derzeitigen gesellschaftlichen Diskurse der Abgrenzung in Bezug auf »*den* Islam«, die (unbewusste, verinnerlichte) Reproduktionen antisemitischer und muslimfeindlicher Stereotype und VerAndernder und kulturalisierender Sichtweisen, werden auch in der Beratung immer wieder relevant. Gerade Diskussionen um (vermeintliche) Neutralität und z. B. »Kopftuchverbote« werden häufig polarisierend geführt.

REFLEXIONSFRAGEN

- Wie werden bestimmte Gruppen, Adressat*innen der Arbeit oder auch Kolleg*innen aufgrund ihres Glaubens oder ihrer Religionszugehörigkeit wahrgenommen und beurteilt? Welche Unsicherheiten bestehen und welche Unterscheidungen werden getroffen?
- Welche Vorannahmen habe ich über die religiöse oder weltanschauliche Verortung der Teilnehmenden?
- Wird in Hypothesen, in Beispielen, in Texten auf Konstruktionen von ›Andersheit‹ (z. B. mittels Viktimisierung/Markierung als ›unterdrückt‹ oder ›rückständig‹ – bzw. Dämonisierung als ›Gefahr‹, ›Risiko‹, ›kriminell‹, oder als ›Problemfall‹) zurückgegriffen?
- Wie kann diese als historisch machtvolle Zuweisung kritisch thematisiert werden?
- Weshalb wird sie überhaupt verwendet?
- Was genau soll an der betreffenden Stelle ausgesagt werden? Wozu ist diese Benennung/Unterscheidung im konkreten Fall notwendig? Worum geht es eigentlich?
- Welche Machteffekte werden damit in der konkreten Situation reproduziert/erzeugt?
- Wer wird in welcher Weise adressiert (als Repräsentant*in für Kompetenz/Wissen, oder für ›Aufklärungs- oder Errettungsbedürftigkeit‹ oder ›Gefahr‹)?

Impulse Sprachhandeln

Im Sprachhandeln in Bezug auf das Machtverhältnis Religion/›Kultur‹ spielt insbesondere der Aspekt der sprachlichen Differenzierung eine zentrale Rolle:

- werden Religion und Religionsideologie, Glaube, Spiritualität und Religion und Religion, bzw. Religionsideologie differenziert?

Selbst- und Fremdbezeichnungen

- Mit welchen Begriffen wird auf wahrgenommene oder zugeschriebene Religionszugehörigkeit Bezug genommen? Handelt es sich um Begriffe, die diese Personen selbst wählen würden? Dienen diese eher der Abwertung oder Abgrenzung? (Für welches Ziel) ist die Bezugnahme auf Religionszugehörigkeit im konkreten Kontext notwendig, oder wäre eine andere Information wichtiger?

ALTERSNORMEN

Ist die Angabe (oder stillschweigende Voraussetzung) von Altersgrenzen in Stellenausschreibungen denn ein Problem? Oder z. B. die automatische Annahme einer bestimmten mit einem spezifischen Alter verknüpften Erfahrung (bzw. deren Fehlen), oder Vorstellungen ›altersgemäßen‹ Auftretens und Rollenverhaltens, ›altersgemäßer‹ Kleidung, oder Lebensweise?

Solche wie selbstverständliche Annahmen sind Ausdruck gesellschaftlich wirkmächtiger Normen, die *Alter* als Differenzordnung definieren und Rollenerwartungen ebenso wie Selbstverständnis, berufliche Möglichkeiten, gesellschaftlichen Status, Lebensgestaltung und Gestaltungsmöglichkeiten in-formieren und prägen. Dabei verknüpfen sich medizinisch-biologische sowie gesellschaftliche/kulturelle Auffassungen von Alter mit solchen des individuellen Lebenslaufs, Selbstpositionierung und sozialen Rollen.

MACHTVERHÄLTNIS / DIFFERENZORDNUNG:	*Age(ism)* / Altersnormen (Idealalter als Gegenpol zu ›zu jung‹ oder ›zu alt‹) / Alterszuordnung
DISKRIMINIERUNGS-›KATEGORIEN‹:	Alter (AGG, GlGB)
INKLUSIVE, ALTERNATIVE BEGRIFFE:	Lebensalter

Konstruktion

- *Alter* bezieht sich zum einen auf das kalendarische Alter eines Menschen, das in Jahren gemessen wird, und zum anderen auf die *Zuordnung* zu gesellschaftlich etablierten ›Alters*gruppen*‹
  - Zuordnungen, die in alltäglichen Interaktionen reproduziert, verfestigt (manchmal auch verändert) werden.
- Wie alle Differenzordnungen ist auch Alter stets mit anderen Differenzordnungen eng verwoben.
- Wie für *Gender* oder *Be_hinderung* ist auch *Alter* vor allem in neoliberal-kapitalistisch strukturierten Gesellschaften von historisch tief verwurzelten Vorstellungen bzw. *Normierungen* von Produktivität, Gesundheit, Bewegung und Leistungsfähigkeit, Sexualität, Schönheit und Körperoptimierung geprägt
  - je nach zugeschriebener Geschlechtsidentität z. B. unterschiedlich.
- Bis zu bzw. ab bestimmten (je nach Kontext variierenden) ›Altersgrenzen‹ werden Menschen als ›zu alt‹ oder ›zu jung‹ (gemessen an bestimmten Normkriterien) klassifiziert.

In der Beratung spielen verschiedene Diskriminierungsformen in Bezug auf Altersnormen eine Rolle:

DISKRIMINIERUNGSFORMEN:

Altersdiskriminierung/*Ageism* / Adultismus / *Lookism* / *Bodyism* / Altersnormierung geprägt durch kapitalistisch/biologistische Definitionen von Produktion und Reproduktion / … Dekonstruktion

- Eine einheitliche Definition, was mit Alter gemeint ist, gibt es nicht. Sozialwissenschaftlich werden drei Ebenen unterschieden: das *biologische* (körperliche) Alter, das *psychologische* Alter und das *soziale* Alter, das an altersbezogene Rollenerwartungen, kulturelle Werte und Normen geknüpft ist (Kohli 2001, S. 1).
- Auf welche Weise »Gesellschaften Lebensalter praktisch und begrifflich gliedern und bestimmte Lebensläufe vorschreiben oder als erstrebenswert definieren,« ist äußerst unterschiedlich, wie Untersuchungen aus unterschiedlichen Disziplinen, z. B. der historischen Sozialforschung, oder der Ethnologie zeigen (Kohli 2001, S. 1; Elwert et al. 1990; Röder et al. 2012).

Age(ing) Studies (Altersforschung)

initiierten eine Abkehr von einer defizitorientierten Perspektive auf *Altern* und *Alter* und entwickelten interdisziplinäre Perspektiven auf die Differenzkategorie *Alter* und *Altern* als *kulturelle Konstruktion*, aber auch als individuelle Erfahrung im Kontext gesellschaftlicher Normen, Bedingungen und Anforderungen. (Aldwin/Levenson/Spiro 1994)

Auf die intersektionelle Verwobenheit auch der Differenzordnung *Alter* mit anderen Differenzordnung und Machtverhältnissen wie etwa *Gender*, oder Be_hinderung u. a. sowie auf die Naturalisierung und genderbezogen unterschiedliche Normierungen von *Alter* haben schon früh Simone de Beauvoir, Susan Sontag, oder auch Kathleen Woodward, Stephen Katz und Margaret Morganroth Gullette verwiesen (Beauvoir 1970; Sontag 1972; Woodward 1991; Katz 1997; Morganroth Gulette 2004).

Auch in Bezug auf gesellschaftlich wirkmächtige Vorstellungen von *Alter* spielen dichotome Differenzkonstruktionen wie *Natur/Kultur, Normalität/Pathologie, Funktionalität/Dysfunktionalität* im Zusammenhang mit biopolitischen, medizinischen, körperpolitischen, medialen, arbeitsökonomischen und sozialversicherungstechnischen Zuweisungen und Repräsentationen eine zentrale Rolle (Kampf 2013). Der Begriff Adultismus bezeichnet die bestehende Machtungleicheit zwischen Kindern und Erwachsenen als gesellschaftliche Machtstruktur, basierend auf tradierten Vorstellungen (vermeintlich notwendiger) erwachsener Überlegenheit und Bevormundung. »Der Begriff verweist auf die Einstellung und das Verhalten Erwachsener, die davon ausgehen, dass sie allein aufgrund ihres Alters intelligenter, kompetenter, schlicht besser sind, als Kinder und Jugendliche und sich daher über deren Meinungen und Ansichten hinwegsetzen.« (Ritz 2008)

Konstruktion und Dekonstruktion: Altersnormen/ Ageism in der Beratungspraxis

Gesellschaftlich dominierende Definitionen und Normierungen von Alter in-formieren also wirkmächtig gängige Vorstellungen von altersbezogenen Zuordnungen, Rollenerwartungen, sie prägen Selbstbilder, Interaktionen, Wahrnehmung und soziale Segregationsordnungen. Diese spielen unumgänglich auch in Beratungssituationen eine Rolle.

REFLEXIONSFRAGEN

- Wird in Hypothesen, in Beispielen, in Texten auf Konstruktionen von ›Andersheit‹ (z. B. mittels Markierung als ›weniger flexibel‹, ›weniger leistungsfähig‹, oder ›unreif‹, ›unerfahren‹) zurückgegriffen?
- Wie können diese als gesellschaftliche Zuschreibungen kritisch thematisiert werden?

- Weshalb werden sie überhaupt verwendet?
- Was genau soll an der betreffenden Stelle ausgesagt werden? Wozu ist diese Benennung/Unterscheidung im konkreten Fall notwendig? Worum geht es eigentlich?
- Welche Machteffekte werden damit in der konkreten Situation reproduziert/erzeugt?
- Welche Effekte haben unreflektierte Zuordnungen von Personen zu einer bestimmten Alters-›Gruppe‹ auf diese Personen?
- Welche Bevormundungen finden statt und wie werden Machtgefälle zwischen unterschiedlichen Alters-›Gruppen‹ reflektiert (als Adressat*innen der Arbeit)?
- Wer wird (z. B. durch Abbildungen oder durch bestimmte Begriffe) in welcher Weise adressiert (als Repräsentant*in z. B. für Qualifikation, Wissen, Erfahrung, Flexibilität, Leistungsfähigkeit, Mobilität, Lernfähigkeit, Unerfahrenheit, oder ›Risiko‹)?
- Wer ist ausgeschlossen bzw. kommt gar nicht vor?

IMPULSE SPRACHHANDELN

Gängige, auch in Institutionen/Organisationen häufig benutzte, jedoch nur scheinbar ›neutrale‹ Begriffe wie »50+«, »Senior*innen«, »Überalterung« oder aber »Jugend« bzw. »jugendlich« sind immer auch hinsichtlich ihrer Verknüpfung mit biopolitischen und kapitalistisch geprägten Kriterien wie *Produktivität, Effizienz, Optimierung* und *Verwertbarkeit* und hinsichtlich ihrer Effekte auf gesellschaftliche wie organisationale Strukturen und Praxen zu begreifen.

In Interaktionen lohnt es sich, darauf zu achten und zu reflektieren, welche Wirkung spezifische Begriffe auf das Gegenüber, auf die Interaktion und auf die gewünschten Ergebnisse haben. Vor allem genderspezifisch unterschiedliche Maßstäbe, Kriterien und Normen in Bezug auf altersbezogene Rollenerwartungen, ›alters-adäquates‹ Verhalten, Repräsentation, oder Zuschreibungen von Kompetenz in ihrer strukturellen Verfasstheit in den Fokus zu nehmen, ermöglicht das Thematieren und gemeinsame kritische Reflektieren von Interaktionsdynamiken und das Bearbeiten möglicher Konflikte.

INTERSEKTIONALE MACHTVERHÄLTNISSE – IDENTITÄTEN UND PERSPEKTIVEN

Gesellschaft und gesellschaftliche Institutionen, Organisationen, Sprache, Wissens- und Wertesysteme werden durch komplexe, miteinander verwobene Differenzordnungen und Machtverhältnisse strukturiert. Unsere Wahrnehmung, unser Denken und Handeln werden durch sie vielschichtig und mehrdimensional geprägt. Machtverhältnisse sind also als Gesellschaft strukturierende Differenzordnungen mit ihren jeweiligen Machtwirkungen nicht als isoliert voneinander, sondern als vielschichtig verflochten und einander wechselseitig bedingend zu verstehen.

Für eine machtkritische Beratungsarbeit ergeben sich daraus die Anforderungen, die jeweils spezifischen Machtverhältnisse und Differenzordnungen sowie spezifische Positioniertheiten in ihnen und durch sie zu berücksichtigen – und gleichzeitig die Verwobenheit von Machtverhältnissen und die Mehrdimensionalität von Positioniertheiten zu reflektieren:

- Zum einen sind die jeweiligen historischen Zusammenhänge und die je spezifischen Machtwirkungen unterschiedlicher Differenzordnungen und Machtverhältnissen für gesellschaftliche Positioniertheit und die Lebensrealität von Menschen sowie für Perspektiven und Wirklichkeitskonstruktionen relevant.
- Gleichzeitig sind Machtverhältnisse immer miteinander verwoben, wechselseitig einander verstärkend oder auch durchkreuzend, und Menschen werden mehrdimensional und vielschichtig durch diese positioniert und geprägt. Dementsprechend sind auch Perspektiven und Wirklichkeitskonstruktion immer durch verschiedene verwobene Machtverhältnisse bedingt.

INTERSEKTIONALITÄT – ERWEITERTE PERSPEKTIVEN AUF *DIVERSITY*

Menschen werden innerhalb miteinander verwobener gesellschaftlicher Machtverhältnisse positioniert und in diesen sozialisiert. Machtverhältnisse und Differenzordnungen prägen vieldimensional Identitäten, Perspektiven, Selbstverständnisse und Artikulationsmöglichkeiten. Menschen begegnen einander also als durch Machtverhältnisse geprägte und (mehrfach und unterschiedlich) positionierte Subjekte auch in Beratungskontexten.

Das Konzept der *Intersektionalität* bietet in diesem Zusammenhang ein wichtiges Reflexionsinstrument. Es richtet den Blick auf die Pluralität von Positioniertheiten (vgl. → Kapitel »Diskriminierung und Diskriminierungskritik«) und die Vielschichtigkeit von Prägungen (auch der eigenen), die sowohl Perspektiven und Deutungsmöglichkeiten (Hypothesen) als auch Motive des eigenen Handelns in-formieren – und somit auch die (eigene) professionelle Identität.

INTERSEKTIONALITÄT

Das Konzept der Intersektionalität beschreibt das Zusammenwirken unterschiedlicher, miteinander verflochtener Machtverhältnisse und Diskriminierungsdimensionen. Es wurde im Kontext US-amerikanischer Schwarzer feministischer Kämpfe und Theoriebildung in den 1970er und 1980er Jahren als Kritik an Antidiskriminierungsgesetzen und gängigen Rechtsprechungen entwickelt (Combahee River Collective 1977; Crenshaw 1989; vgl. für den deutschsprachigen Raum Oguntoye/Ayim/Schultz 1984), die mehrdimensionale Diskriminierung (wie z.B. die Diskriminierung Schwarzer Frauen* – als Schwarze Personen *und zugleich* als Frauen) nicht berücksichtigten.

Kritisiert wird – bis heute –, dass rechtlicher Diskriminierungsschutz in der Regel nur in Bezug auf *eine* einzelne Diskriminierungsdimension gewährt wird und dabei bestimmte Fälle von Mehrdimensionaler Diskriminierung rechtlich nicht anerkannt werden.

BEISPIEL

Die Juristin Kimberlé Crenshaw verdeutlichte dies 1989 anhand des historischen Beispiels betriebsbedingter Kündigungen bei *General Motors*. Von den Gerichten wurde die Diskriminierung Schwarzer Frauen* nicht als solche anerkannt, im konkreten Fall weder Schwarze Männer* noch *weiße* Frauen* von den Kündigungen betroffen waren – und daraus rechtlich geschlossen wurde, es handle sich folglich weder um rassistische (Schwarze Männer* waren nicht betroffen) noch *gender*-bezogene (*weiße* Frauen* waren nicht betroffen) Diskriminierung (Crenshaw 1989).

Intersektionalität als Konzept ermöglicht – mit dem Fokus auf mehrdimensionale Diskriminierung und auf die Verwobenheit von Machtverhältnissen – eine *Kritik an starren Kategorien* und an der damit verbundenen Vorstellung ›homogener‹ Personengruppen (z. B. »Frauen« oder »Schwarze Menschen«). In den Blick kommen damit *Kategorisierungen* als solche – als (macht- und gewaltvolle) Akte der Unterscheidung, Zuordnung und Zuschreibung, Vereindeutigung und Unterordnung.

Eine intersektionale Perspektive schärft die Aufmerksamkeit für die Vielschichtigkeit von Machtwirkungen und hilft,

- eindimensionale Deutungsmuster zu hinterfragen,
- Marginalisierungs- und Privilegiertseinserfahrungen differenzierter wahrzunehmen und
- die eigenen Vorannahmen und Vorstellungen von *Ein*deutigkeit, Wissen und Gewissheit zu irritieren.

Die Positioniertheit von Menschen, also deren gesellschaftlich zugewiesene Position, die Lebens- und Arbeitssituationen von Menschen, sind stets durch unterschiedliche verwobene gesellschaftliche Machtstrukturen gleichzeitig beeinflusst.

- Menschen sind nie z. B. nur als »Frau«, »Mann«, »Nicht-binär«, oder »Trans*Person« (in dominierenden Geschlechterhierarchien) sozial verortet. Sie werden immer auch hinsichtlich ihrer sozialen Herkunft, ihres Körpers, bestimmter Befähigungen, (zugeschriebener) ›Kultur‹ oder Nationalität kategorisiert und zugeordnet.

- Gleichzeitig sind nicht alle Menschen – entsprechend diesen Positioniertheiten – den gleichen Ausgrenzungs- und Unterwerfungserfahrungen, den gleichen strukturellen Gewaltformen in gleicher Weise ausgesetzt (vgl. Gutiérrez Rodríguez 1999).
- Die Bedeutung und die Auswirkungen miteinander verwobener Machtverhältnisse sind immer auch kontextabhängig und bewirken im jeweils konkreten Zusammenspiel von Machtungleichheiten unterschiedliche Verletzbarkeiten (vgl. Anthias 2008, S. 15f.).
- Marginalisierende Positioniertheiten können sich in ihren Machtwirkungen wechselseitig verstärken (mehrdimensionale Diskriminierung).
- Marginalisierende und privilegierende Prozesse können einander hingegen auf unterschiedliche Weisen durchkreuzen.

Eine intersektionale Perspektive bedeutet, machtkritisch auch die *Gleichzeitigkeit* von Marginalisierung und Privilegierung hinsichtlich *vielschichtiger* Identitäten und Zugehörigkeiten wahrzunehmen:

»[...] erst wenn [..] auch nicht mehr an der vermeintlichen Einheit und Homogenität der Gesamtheit [der Positionen eines Subjekts] festgehalten wird, kann die Vielfalt der Beziehungen theoretisch analysiert werden, welche als Ein- und Unterordnungsformen die Position eines jeden einzelnen Individuums vielschichtig charakterisieren, und nur so ist es möglich, die Tatsache zu erfassen, dass ein Individuum in der einen Beziehung eine herrschende Position einnehmen kann, in einer anderen aber der Herrschaft unterworfen ist« (Mouffe 2001, S. 18; Hervorhebungen SW/SL)

Eine intersektionale Perspektive beinhaltet grundsätzlich immer, Machtdynamiken und Deutungsmacht kritisch zu reflektieren und dabei mehrdimensionale Diskriminierung zu berücksichtigen und anzuerkennen. Prozessbegleitungen und Interventionen am Konzept der Intersektionalität zu orientieren, bedeutet, komplexe Positioniertheiten zu berücksichtigen, denn

»kein Mensch ist pauschal entweder machtvoll oder machtlos, denn alle Menschen sind gleichzeitig einer Vielzahl und Vielfalt von Gruppen zugehörig und verfügen somit kontextabhängig über mehr oder weniger Machtzugang und Handlungsspielräume.« (Rosenstreich 2018, S. 9)

INTERSEKTIONALE IDENTITÄTEN UND ZUGEHÖRIGKEITEN

In der arbeitsweltbezogenen Beratungsarbeit sind die verschiedenen Identitäten der beteiligten Personen, geprägt durch komplexe und vielschichtig verwobene Machtverhältnisse, als zentrale Anknüpfungspunkte der Interaktion, der Zugänge zu Themen, des gemeinsamen und gegenseitigen Verstehens bedeutsam.

»Was wir in sozialen Zusammenhängen für uns und für andere sind, sind wir jeweils auch mit Bezug auf unsere in kontextspezifischen Praxen und Imaginationen und Erfahrungen bestätigten Differenzposition(en).« (Mecheril 2008, o. S.)

Identität ist – aus einer machtkritischen Perspektive – ganz grundsätzlich als über ein Verhältnis zu Differenzordnungen und damit über Unterscheidungen und Kategorisierungen vermittelt zu begreifen: Subjekte werden, durch (machtvoll etablierte) Kategorisierungen und Zuordnungen, »angerufen« und setzen sich mit den entsprechenden Positionen – die ihnen zugewiesen werden – auseinander (»Frau«, »Mann«, »Inländer*in«, »Migrant*in«, »Muslim*a«, »Jüd*in« »Christ*in«, »Rollstuhlfahrer*in«, »nicht-behindert«, »lesbisch«, »schwul«, »hetero«, »Arbeiter*in«, »Akademiker*in«). Identität existiert somit nie ausschließlich selbstbestimmt, sondern immer nur *im Verhältnis* zu, nie ohne ein konstituierendes ›Außen‹ bzw. ›Anderes‹ – das durch Differenzordnungen/Machtverhältnisse wesentlich geprägt ist. Identität kann also als ein kontinuierliches

Sich-ins-Verhältnis-Setzen verstanden werden – sowohl fremd- als auch selbstbestimmt – als ein durch zahlreiche Faktoren bedingter und kontextabhängiger *Prozess* der Positionierung: »*Identitäten (sind) die Namen, die wir den unterschiedlichen Verhältnissen geben, durch die wir positioniert sind und durch die wir uns selbst anhand von Erzählungen über die Vergangenheit positionieren.*« (Hall 1994, S. 29)

IDENTITÄT – IDENTITÄTSPOSITION(IERUNG)

Identität ist – als Produkt und Element einer *Unterscheidung* (gegenüber *Anderem*) – nicht einfach als etwas persönliches, individuelles, sondern als *strukturell* zu begreifen, als bezogen auf und geprägt durch gesellschaftliche Strukturen, als stets *im Verhältnis und in Beziehung* zu *Anderem/n* sich konstituierend, also als:

- Position (Positioniertheit und Positionierung) in einer Struktur von und in einem Verhältnis zu anderen Positionen
- abhängig von Verhältnis(sen), Bezügen, Kontext
- abhängig von und geprägt durch gesellschaftliche Struktur(en) und Norm(en)
- sich verändernd (zeit- und kontextabhängig) und veränderbar
- prozesshaft

Identität ist somit ein fortwährender Prozess, ein Werden durch ein fortwährendes *Sich-ins-Verhältnis-Setzen.*

In der arbeitsweltbezogenen Beratungsarbeit und im Hinblick auf professionelle Identitäten ist Identität als Prozess der Identifizierung – als Verortung, als Ins-Verhältnis-Setzen zu *Anderem/n*, als Verhältnis zu sich selbst – von zentraler Bedeutung. Dabei geht es u.a. um das eigene Selbstverständnis und um das Verständnis dazu, was die eigenen Wirklichkeitskonstruktionen prägt, welche Auseinandersetzungen dabei eine Rolle spielen, usf. Aus einer machtkritischen Perspektive (auf Arbeitszusammenhänge und professionelle

Identitäten) werden dabei auch Ein- und Ausschlusserfahrungen, Prägungen durch gesellschaftliche Differenzordnungen relevant:

- Wie stehen eigene Identitätspositionierungen in Zusammenhang mit professioneller Identität?
- In welcher Weise sind diese in Bezug auf Fallarbeit oder Teamkonstellationen, oder in Bezug auf Leitungshandeln relevant?

Identitätspositionierungen werden grundsätzlich, aber auch in gemeinsamen Reflexionsprozessen im Beratungskontext unterschiedlich (selbst-)bewusst und (selbst-)reflektiert thematisiert. Menschen beziehen sich in ihren Identitätspositionierungen unterschiedlich affirmativ oder aber widerständig auf Differenzordnungen. Prozesse der Identifizierung/Positionierung sind dabei biografisch abhängig und intersektional geprägt durch unterschiedliche (existentielle) Erfahrungen von Ein- und Ausschlüssen und von den Möglichkeiten und Ressourcen, mit diesen etwa eher widerständig, oder affirmativ umgehen zu können, bzw. zu müssen, sowie von Erfahrungen wie z. B. Solidarität und *Empowerment*.

Prozesse der Identitätspositionierung verlaufen individuell höchst unterschiedlich.

- Sie sind verbunden mit Anpassungs- und Norm- bzw. Normalisierungsdruck, dem Wunsch und Grundbedürfnis nach selbstverständlicher Zugehörigkeit. Menschen sehen sich dadurch gezwungen, Strategien des Umgangs damit zu entwickeln – wie z. B. Anpassung, oder Strategien des Widerstands und des Empowerments (→ vgl. Kapitel »Diskriminierung und Diskriminierungskritik«).
- In Bezug auf mehrheitszugehörige, privilegierte Positioniertheiten sind Identitätsprozesse im Kontext von Differenzordnungen in der Regel wenig konflikthaft und wenig ambivalent – Zugehörigkeit wird in der Regel als selbstverständlich erlebt.
- In Bezug auf marginalisierte Positioniertheiten, die Erfahrungen der VerAnderung (*Othering*) bedeuten, die als ›nicht-zugehörig‹

definiert werden, sind konflikthaftere, vielfach schmerzhafte Prozesse der Auseinandersetzung und Positionierung notwendig, die Kraft, Mut und Ressourcen erfordern.

Menschen beziehen sich in Bezug auf Identität auch aus ganz unterschiedlichen Gründen und Motiven auf Identitätskategorien und damit zugleich auf gesellschaftlich dominante Differenzordnungen und Unterscheidungen:

- Die Allgegenwärtigkeit und ›Normalität‹ von (binär strukturierten) Unterscheidungskategorien macht diese häufig zu ›selbstverständlichen‹ Bezugsgrößen, denen Menschen sich zuordnen und verbunden fühlen.
  Einige Menschen identifizieren und positionieren sich z. B. wie ›selbstverständlich‹ als »Frau« oder »Mann«, als »Migrant*in« oder Mensch »mit Migrationshintergrund«, andere verbinden damit konkrete, oft auch einschneidende Erfahrungen der Zuordnung/Zuweisung und Ausgrenzung sowie mühsame, oft auch schmerzhafte Auseinandersetzungen.
- Gleichzeitig nehmen Menschen auch sehr bewusst Bezug auf Unterscheidungskategorien, um damit auf deren Rolle als Grundlage für Ungleichbehandlung und Diskriminierung hinzuweisen. Sie eignen sich Kategorien politisch an, um diese positiv bzw. selbstermächtigend zu wenden und als *Selbstbezeichnung* zu nutzen, um gemeinsame Interessen und politische Forderungen zu artikulieren und kollektive Praxen zu organisieren.

IDENTITÄTSPOSITIONIERUNG UND PROFESSIONELLE IDENTITÄT

Machtkritische Beratungsarbeit erkennt die intersektionalen und vielschichtigen Bezugnahmen auf Machtverhältnisse, auf Differenzordnungen und -Kategorien, die unterschiedlichen Strategien der Auseinandersetzung, Affirmation sowie Widerstand an – und würdigt diese durch das gleichzeitige Benennen gesellschaftlicher Machtverhältnisse, struktureller Gewaltformen und Machtwirkungen. Dabei geht es um eine kritische Auseinandersetzung, bezogen auf gesellschaftliche Machtverhältnisse und ihre Wirkungsweisen, die die Perspektiven und Positionen aller Beteiligten wertschätzt und anerkennt, ohne zu bewerten und ohne einer ›Falsch/richtig‹-Logik zu folgen.

Einen zentralen Aspekt bildet dabei grundsätzlich das Anerkennen von Selbst-Positionierungen (und Selbstbezeichnungen). Ziel machtkritischer Prozessbegleitung ist es, Perspektivwechsel anzuregen, den Blick auf die *strukturellen* Dimensionen von Macht und Dominanz zu erweitern und diese in Bezug zu setzen zu den professionsbezogenen Anliegen und Themen der Beratung.

Eine machtkritische Auseinandersetzung mit *Diversity* und Pluralität in Arbeitszusammenhängen und in Teams reflektiert und verdeutlicht intersektionale Mehrdimensionalität (professioneller) Identitäten und Zugänge. Damit bedeutet die Auseinandersetzung mit Pluralität immer auch »*ein selbst-reflexives Selbstbewusstsein zu fördern: Individuen überschreiten in ihrer unentwirrbaren historischen wie sozio-kulturellen Komplexität das Fassungsvermögen eindimensionaler Gruppenzugehörigkeiten, sodass wir uns nie ausschließlich einer Kollektividentität zugehörig fühlen (können).*« (Ha 2013 [2009])

In der gemeinsamen Auseinandersetzung kann thematisiert werden, dass und in welcher Hinsicht Menschen (z. B. in Teams) mehrdimensional zugehörig sind, wie Differenzordnungen (professionelle) Identitäten intersektional prägen, dass diese auch durch unterschiedliche Strategien im Umgang mit ihnen geprägt sind und die Wirkungsweisen von Machtverhältnissen für die beteiligten Personen unterschiedlich bedeutsam sind. Dadurch kann ein erweitertes Verständnis von Zusammenarbeit und auch eine qualitative Veränderung und Erweiterung in Bezug auf Ausrichtung und Gestaltung der Arbeit / des professionellen Verständnisses und der eigenen Rolle im professionellen Zusammenhang entstehen. Die gemeinsame Reflexion und Selbstreflexion von Identitätspositionierungen eröffnet intersektionale, oft neue und differenziertere Perspektiven – auf einzelne Personen im Team, auf die Zusammenarbeit, auf Interaktionsdynamiken, sowie auf Motive und Herangehensweisen, auf Rollen und professionelle Identitätspositionen.

- Explizit machtkritisch und intersektional Pluralität in Teams und in Arbeitszusammenhängen zu thematisieren stärkt *Diversity*-Kompetenzen und auch die Zusammenarbeit in Teams.
- Im Austausch werden Perspektivwechsel und solidarische Unterstützung gestärkt.

Im Folgenden stellen wir eine Übung vor, die für das machtreflexive Thematisieren von *Diversity* in Teams und Arbeitskontexten, sowie in der Einzelarbeit, genutzt werden kann. Die Übung knüpft an narrative Ansätze in der Beratungsarbeit an und verdeutlicht in Verbindung mit einem machtkritischen und intersektionalen Fokus die Komplexität mehrdimensionaler Positioniertheiten, intersektionale Perspektiven und Pluralität in der Zusammenarbeit und in Bezug auf Arbeitszusammenhänge.

Die Übung bietet einen biografischen Zugang, der intersektional Identitätspositionierungen zu reflektieren ermöglicht, methodisch unterstützt durch »Selbst-«Erzählungen – um Prägungen bewusst zu machen im Hinblick auf professionelle Identitäten und damit professionelle Selbstvergewisserung und möglicherweise bisher unbeachtete Identitätspositionierungen zu erkunden und zu stärken.

Im Austausch dazu werden – über das Erzählen von Geschichten über sich selbst, über die eigene Verwobenheit in soziale Bezüge und Machtverhältnisse, eigene Identitäten und über das Erfahren anderer Erzählungen und Zugänge – Pluralität im Team, plurale Identitätspositionierungen und professionelle Identitäten erkundet und in Hinblick auf die Gestaltung von Zusammenarbeit, Entwicklungs- und Veränderungsprozessen verdeutlicht.

Übung: Identitäts-Kaleidoskop

In Anlehnung an die von Erika Lüthi für Teamentwicklungsprozesse beschriebene Übung »Caleidoscopia« (Lüthi 2009, S. 80) haben wir, deren Grundprinzip zwar folgend, die Übung vor allem dahingehend verändert, einen machtkritischen Fokus ins Zentrum zu stellen. Diese von uns als *Identitäts-Kaleidoskop* betitelte Übungs-Variante kann als Tool genutzt werden, um die Bedeutung gesellschaftlicher Machtverhältnisse in Arbeitskontexten und in bezug auf die eigene professionelle Haltung und Identität zu reflektieren. Gleichzeitig werden Pluralität und unterschiedliche Perspektiven im Team, sowie unterschiedliche (biografische) Prägungen und Identitäten so sichtbar und als Ressourcen wahrnehmbar.

Die Übung ermöglicht zudem eine Reflexion darüber, welche gesellschaftlichen Machtverhältnisse in Bezug auf den Arbeitskontext und die Adressat*innen der Arbeit möglicherweise ausgeblendet oder zu wenig berücksichtigt werden:

SELBSTREFLEXION

- Welche Erfahrungen und Perspektiven – im Kontext gesellschaftlicher Machtverhältnisse und Differenzordnungen – haben mich geprägt, sind mir vertraut?
- Welche Erfahrungen und Perspektiven sind mir unbekannt?
- Welche Auswirkungen hat das (möglicherweise) für meine Arbeit, für Gruppen und Teams – und deren Perspektive(n) auf die Adressat*innen ihrer Arbeit?
- Welche verinnerlichten dominanten Positioniertheiten sind hinderlich, um machtkritische Perspektivwechsel in Reflexionen einbeziehen zu können?

REFLEXION MIT TEAMS UND GRUPPEN

- Welche unterschiedlichen Erfahrungen und Prägungen, welche Positioniertheiten bringen Personen im Team, in der Gruppe mit?

- Welche Erfahrungen mit und welche Perspektiven auf *Diversity* – im Kontext von Machtverhältnissen und Differenzordnungen – gibt es in der Gruppe, im Team, bei Kolleg*innen? Welche fehlen?
- Welche Erfahrungen und Perspektiven auf *Diversity* – aufgrund gesellschaftlicher Positioniertheit – gibt es meiner Einschätzung nach bei den Adressat*innen der Arbeit? Welche Vermutungen habe ich dazu?
- Welche Auswirkungen haben unterschiedliche Perspektiven und Erfahrungen (Positioniertheiten) möglicherweise?

BENÖTIGTES MATERIAL

Für die Übung werden Karten in unterschiedlichen Farben benötigt, auf denen jeweils der Bezug zu einem gesellschaftlichen Machtverhältnis / einer Differenzordnung (bzw. einer Diskriminierungskategorie und Zugehörigkeitsperspektive) benannt ist. Folgende Karten schlagen wir vor – weitere können ergänzt werden:

GENDER, ZWEIGESCHLECHTERORDNUNG, GESCHLECHTERPLURALITÄT
SOZIALE HERKUNFT, SOZIOÖKONOMISCHE ZUORDNUNG, KLASSE
RASSISTISCHE ZUORDNUNG, ZUGEHÖRIGKEITEN IN DER MIGRATIONSGESELLSCHAFT
PSYCHISCHE / PHYSISCHE BEFÄHIGUNG, (NICHT-)BE_HINDERUNG
RELIGION, WELTANSCHAUUNG, SPIRITUALITÄT, ›KULTURELLE‹ ZUORDNUNG
LEBENSALTER, ZUORDNUNGEN ANHAND VON ALTERSNORMEN
LGBTIQ*, HETERONORMATIVITÄT, PLURALITÄT VON LIEBENS- UND LEBENSWEISEN

Jede Person erhält jeweils einen vollständigen Satz dieser Karten und darüber hinaus auch jeweils zwei (oder auch mehr) nicht beschriftete, leere Karten, auf die individuell weitere Dimensionen (›Kategorien‹) bzw. persönlich prägende Zugehörigkeiten geschrieben werden können:

- … z. B.: Lebensphasen im Ausland, Erfahrungen im Kontext spezifischer z. B. musischer, künstlerischer, sportlicher, oder weiterer beruflicher, fachlicher Zugänge und Prägungen.
- … oder weitere prägende Zugehörigkeiten, wie z. B.: Alleinerziehend-Sein, Leben in einer Großfamilie, Freundschafts-Konzepte, Community Zusammenhänge und Zugehörigkeiten, politische und aktivistische Zugehörigkeiten.

ARBEITSANLEITUNG:

Die Karten sollen so in eine skalierende Reihenfolge oder Anordnung gebracht werden, wie aus der aktuellen individuellen Situation heraus, im aktuellen Moment, ihre Relevanz für die jeweils eigenen prägenden Erfahrungen, im Hinblick auf die eigene Biografie und professionelle Identität eingeschätzt wird.

Dabei ist zu beachten, dass es sich um eine *Momentaufnahme* und kein endgültiges, absolutes Bild oder Statement handelt – und daher auch *keine ›falsche‹ oder ›richtige‹ Anordnung* möglich ist, sondern vielmehr ein temporärer, veränderbarer Eindruck abgebildet wird.

Die Karten können nebeneinander wie auch übereinander gelegt werden, um Intersektionalitäten zu verdeutlichen. Die selbst beschrifteten Karten werden in die Anordnung integriert.

Empfehlenswert ist, als anleitende Personen selbst beispielhaft die Übung anhand der eigenen Identitäts-Kaleidoskope vorzustellen, um zu vermitteln, wie sie umgesetzt werden kann.

ABLAUF

- Einführung in die Übung (s. o.)
- Kartensets und leere Karten verteilen

- Vorstellen der Übung anhand eines eigenen oder fiktiven Beispiels
- Einzelarbeit (ca. 10 bis 15 Minuten) – ggf. mit Unterstützung des Arbeitsblattes (s. u.)
- Austausch zu zweit (oder zu dritt)
- Gesamte Gruppe (Plenum): jede Person präsentiert eine oder zwei der für sie im Moment bedeutsamsten Karten – und auch eine Karte, zu der bislang Perspektiven fehlen. Was ist aufgefallen?
- In der Arbeit mit Teams kann vertieft werden (wieder in Kleingruppen), wie die (vermuteten) Perspektiven der Adressat*innen der Arbeit berücksichtigt werden, bzw. ob diese (zu wenig) Berücksichtigung und Anerkennung erfahren.

ARBEITSBLATT: REFLEXIONSFRAGEN ZUR BEDEUTUNG GESELLSCHAFTLICHER MACHTVERHÄLTNISSE

GENDER, ZWEIGESCHLECHTERORDNUNG, GESCHLECHTERPLURALITÄT

- Wann habe ich zum ersten Mal (bewusst) erlebt, dass ›Geschlecht‹ in meinem Leben eine Rolle spielt?
- Welche Erfahrungen habe ich aufgrund meines bzw. des mir zugeschriebenen Geschlechts gemacht?
- Wurden Erwartungen an mich aufgrund meines oder des mir zugeschriebenen Geschlechts gestellt? Welche habe ich erfüllt, welche habe ich verweigert?
- Welche Möglichkeiten waren mir aufgrund meines bzw. des mir zugeschriebenen Geschlechts verwehrt? Welche standen mir aufgrund dessen offen?
- Welche Erfahrungen von Zugehörigkeit, von Auf- oder Abwertung, von Widerstand oder Selbstermächtigung habe ich in Zusammenhang mit ›Geschlecht‹ erlebt?
- Kenne ich Personen, die sich nicht innerhalb der Zweigeschlechterordnung verorten?

SOZIALE HERKUNFT, SOZIOÖKONOMISCHE ZUORDNUNG

- Welche Einkommensverhältnisse gab es in meiner Herkunftsfamilie? In welchen finanziellen Verhältnissen wurde ich sozialisiert?
- Welche Gedanken und Gefühle um finanzielle Ressourcen und materielle Absicherung prägten meine Kindheit und Jugend?
- Welche Ressourcen sind mir vertraut / nicht vertraut, waren vorhanden / nicht vorhanden, z. B.: Geld für die materielle Versorgung (tägliche und monatliche Grundversorgung), oder soziales und kulturelles Kapital (selbstverständlicher Zugang zu Institutionen und Bildungsinstitutionen, Gefühl von »Fehl am Platz« oder Sicherheit und Selbstverständlichkeit)?
- Welche Werte haben mich geprägt im Hinblick auf meine soziale Herkunft/Status?

RASSISTISCHE ZUORDNUNG, ZUGEHÖRIGKEITEN IN DER MIGRATIONSGESELLSCHAFT

- Welche Erfahrungen von Zugehörigkeit bzw. Zuordnung (z. B. ›ethnische‹ oder nationale Herkunft, Sprache) haben mich geprägt?
- (Wann) war ›ethnische Herkunft‹/Zugehörigkeit oder rassistische Zuordnung ein Thema in meinem Leben?
- Welche Bilder und Bewertungen von ›ethnischer Herkunft‹, welche rassistischen Zuschreibung haben meine Selbstwahrnehmung und meine Wahrnehmung anderer Menschen geprägt? In welcher Weise?
- Welche Erfahrungen von Auf- oder Abwertung, von Widerstand und Selbstermächtigung habe ich in Zusammenhang mit rassistischen Zuschreibungen, bzw. Zuordnungen erlebt?

PSYCHISCHE / PHYSISCHE BEFÄHIGUNG, (NICHT)-BE_HINDERUNG

- Welche Erfahrungen mit körperlicher oder psychischer Beeinträchtigung bzw. Be_hinderung gibt es in meinem Leben?

- Wie wurden physische und psychische Gesundheit und Fähigkeiten in meinem Umfeld wahrgenommen bzw. bewertet?
- Welche Bilder und Bewertungen von körperlicher oder psychischer Beeinträchtigung haben meine Selbstwahrnehmung und meine Wahrnehmung anderer Menschen geprägt? Wie?

RELIGION UND WELTANSCHAUUNG, SPIRITUALITÄT, ›KULTURELLE‹ ZUORDNUNG

- Welche Bedeutung haben Religion, Weltanschauung, oder Spiritualität in meinem Leben?
- Wie wurden Religion, Weltanschauung, oder Spiritualität als sinnstiftende Bezüge in meinem Umfeld bewertet?
- Welche Erfahrungen von Zugehörigkeit, bzw. von Ablehnung, von Auf- und Abwertung habe ich selbst in diesem Zusammenhang gemacht?

LEBENSALTER, ZUORDNUNGEN ANHAND VON ALTERSNORMEN

- Wann war mein Lebensalter ein Thema in meinem Leben?
- Welche Erwartungen im Hinblick auf mein Lebensalter waren für mich bedeutsam?
- Wie waren verschiedene Lebensalter in meinem Leben präsent und mit welcher Bedeutung?

LGBTIQ*, HETERONORMATIVITÄT, PLURALITÄT VON LIEBENS- UND LEBENSWEISEN

- Wann und wie waren unterschiedliche Lebens- und Liebensweisen, LGBTIQ*-Identitäten ein Thema in meinem Leben?
- Welche Erwartungen hinsichtlich meiner »sexuellen Identität« oder »sexuellen Orientierung« waren für mich spürbar und relevant?
- Welche Zugehörigkeiten, welche Zuordnungen, welche Auf- und Abwertungen in Bezug auf LGBTIQ*, vielfältige Liebens- und Lebensweisen habe ich erfahren bzw. erlebt?

INTERSEKTIONALE PERSPEKTIVEN AUF *DIVERSITY*

Um die Pluralität von Identitätspositionen bzw. Diversitydimensionen und auch deren Zusammenwirken darzustellen, wird vor allem das Modell der »*Four Layers of Diversity*« (Gardenswartz/Rowe 2003) zitiert. Dieses Modell ordnet in vier »Schichten«, dargestellt in vier konzentrischen Kreisen verschiedene Diversitätsdimensionen um ein (»Persönlichkeit« markierendes) Zentrum an. Dieses Modell ist darauf ausgerichtet, unterschiedliche Formen personaler Diversität bzw. Heterogenität darzustellen und kann auch dazu genutzt werden, die Verortung von Personen in Machtstrukturen sowie das Ineinandergreifen von Machtdimensionen zu thematisieren. So wurde das Modell etwa im Kontext diversitätsorientierter Organisationsentwicklung bereits in diese Richtung adaptiert und auch begrifflich sowie grafisch entsprechend modifiziert. (RAA 2017, S. 3)

Wir nehmen diesen Impuls auf und erweitern und verändern das Modell als Reflexionstool in *machtkritischer* und *intersektionaler* Hinsicht weiter, um es für die Arbeit mit Teams, für die Beratung in Organisationen und auch (wie auch die Übung »Identitäts-Kaleidoskop«) für die individuelle Selbstreflexion und Selbstpositionierung mit intersektionalem Fokus auf gesellschaftliche Machtverhältnisse gezielt nutzen zu können (siehe Grafik).

Mit dem Modell knüpfen wir an ein Verständnis von Identität im Sinn gesellschaftlich bedingter, sich kontinuierlich verändernder, auch kontextabhängiger Identitätspositionierungen an (siehe oben → *Intersektionale Machtverhältnisse – Identitäten und Perspektiven*) und richten damit den Fokus auf *strukturelle* Dimensionen und Bedingungen von *Diversity*. Im Unterschied zum ursprünglichen Modell, welches sich begrifflich an den gesetzlich definierten *Diversity*- bzw. Diskriminierungs*kategorien* (häufig auch als *Diversity*-›Merkmale‹ bezeichnet) orientiert, benennen wir Diskriminierungs*formen* – und damit Machtverhältnisse – um deutlich zu machen, dass es um *Machtwirkungen* geht (und nicht um ›Merkmale‹, die etwa ›natürlich‹ Personen ›eigen‹ seien).

Gesellschaftlich dominante Differenzordnungen bedingen und prägen wirkmächtig und machtvoll Identitäten und sie prägen Erfahrungen der Zuordnung, der Ausgrenzung, Möglichkeiten des Zugangs und der Zugehörigkeit. Die verschiedenen Diskriminierungsstrukturen, bzw. -formen wirken intersektional und sind – einander verstärkend, oder auch konterkarierend – miteinander verwoben. Sie prägen nicht nur gesellschaftliche, sondern ebenso organisationale Strukturen, die – intersektional verknüpft und unterschiedlich – Möglichkeiten des Zugang und Ressourcen und Teilhabe bedingen. Dazu gehören u. a. die Art der Ausbildungen, Berufserfahrungen, soziale, sorgende, erziehende oder pflegerische Aufgaben (und Möglichkeiten der Unterstützung dabei), der geografische Lebensmittelpunkt, sowie Einkommensmöglichkeiten, bzw. Kapitalressourcen, aber auch Freizeitgestaltung, oder Interessen. Organisationsbezogen spielen dabei auch Arbeitsinhalte, disziplinäre bzw. fachliche Zuordnung und deren Bewertung, die Abteilung, in der eine Person tätig ist, der hierarchische Status, Einflussmöglichkeiten, Arbeitsorte oder auch politische Aktivitäten in Gewerkschaft oder Personalvertretung eine Rolle. Auch diese Dimensionen stehen stets in vielschichtiger Wechselwirkung mit Zuordnungen und Diskriminierungsformen.

Als eine weitere Reflexionsebene fügen wir dem Modell Dimensionen von *Erfahrungen* hinzu, die in Zusammenhang diskriminierender, ausschließender und verAndernder Verhältnisse stärkend (*empowernd*) wirken können – und solche, die dazu beitragen, Machtverhältnisse kritisch zu reflektieren, zu verändern und auch Macht zu teilen (vgl. → Kapitel »Diskriminierung und Diskriminierungskritik«, *Empowerment und Powersharing*). Diese Reflexionsebene ist zum einen unterstützend, wenn es um die individuelle Bewältigung von Ausgrenzungs- und Diskriminierungserfahrungen geht – und sie ist vor allem entscheidend, wenn es um die Veränderung von Machtverhältnissen geht.

INTERSEKTIONALE VERWOBENHEITEN

Intersektionale Verschränkungen von Machtverhältnissen führen zu spezifischen Marginalisierungs- und Diskriminierungserfahrungen, die sich nicht einfach als additive Kombination erfassen lassen. Dies erfordert in der Beratung nicht nur eine Aufmerksamkeit für die Komplexität intersektionaler Verschränkungen, sondern auch den Umgang mit Un-Eindeutigkeiten und Ambivalenzen. Denn die komplexe soziale Positioniertheit von Individuen und damit deren Diskriminierungs- bzw. Verletzbarkeitsrisiko lassen sich nicht ohne weiteres z. B. über die Zuordnung zu einer Diskriminierungskategorie ausreichend erfassen (vgl. Goel 2020, S. 151–153.).

In ihrer intersektionalen Verwobenheit wirken Machtverhältnisse individuell sehr unterschiedlich und Menschen entwickeln unterschiedliche Strategien und Umgangsweisen. Handlungsmacht und Handlungssicherheit sind abhängig und bedingt durch den jeweiligen Kontext, durch sozialisationsbedingte Erfahrungen – wie frühe Bindungserfahrungen, strukturelle Gewalterfahrungen, Resilienzentwicklung, durch Möglichkeiten der Identitätspositionierung sowie ökonomisches, soziales und kulturelles Kapital – und insbesondere von stärkenden Erfahrungen der Anerkennung, der Solidarität sowie von *Empowerment.* Es bestehen daher für Menschen unterschiedliche Diskriminierungsrisiken, die es in ihrer Komplexität zu berücksichtigen gilt. Individuen entwickeln innerhalb von Machtstrukturen zudem unterschiedlichste Umgangsweisen (von Affirmation bis Widerstand) mit strukturellen Ungleichheiten.

»Machtverhältnisse wirken dabei gleichzeitig ermöglichend und einschränkend. [...] So können Rassismuserfahrene über mehr oder weniger Klassenstatus verfügen, mehr oder weniger in der heteronormativen Norm leben, Zugang zu mehr oder weniger ableistischen Privilegien haben, etc. Sie [...] können sowohl zu jenen gehören, die in bestimmten Situationen Marginalisierungserfahrungen machen, als auch zu jenen, die in diesen ihre Privilegien nutzen können.« (Goel 2020, S. 151)

Wie jedes Modell ist auch dieses – gemessen an der Komplexität der genannten Fragen – u. a. durch die Grenzen zweidimensionaler Darstellung und die damit verbundene Vereinfachung beschränkt. Die Vielschichtigkeit aller relevanten Aspekte und Dimensionen lässt sich dadurch bei weitem nicht erfassen.

Unter diesem Vorbehalt scheint uns das Modell dennoch als Ausgangspunkt für weitere Reflexion einsetzbar, um – über das Modell hinausgehend – die mehrdimensionale Verwobenheit gesellschaftlicher Differenzordnungen und Machtstrukturen, sowie unterschiedliche, auch widersprüchliche Machtwirkungen auch in Organisationen, Gruppen, oder Teams, also die Effekte von Dominanzkulturen, Diskriminierungs- und Privilegierungsverhältnissen in ihrer Komplexität in den Blick zu nehmen und machtkritisch zu reflektieren.

In diesem Sinn bietet das Modell ein Instrument für

- die machtkritische Reflexion von *Diversity* in Organisationen, in Gruppen und in Teams
- und dafür, unterschiedliche Positioniertheiten von Menschen in Bezug auf gesellschaftliche Differenzordnungen und Machtstrukturen mit zu bedenken und Ungleichbehandlungen, Erfahrungen machtvoller Zuordnung in der Reflexion nicht zu individualisieren, sondern in ihrer strukturellen Verfasstheit zu thematisieren.

REFLEXIONSFRAGEN:

- Welche Diversitätsdimensionen, Zugehörigkeiten, Machtverhältnisse und Diskriminierungsdimensionen spielen eine Rolle? Welche werden benannt? Welche stehen im Vordergrund?
- Welche kommen (vermeintlich) nicht vor? Was kann nicht thematisiert werden?
- Welcher Fokus könnte/sollte verstärkt werden?
- Worauf ist dabei zu achten?
- Was würde sich dadurch verändern?

Diskriminierung und Diskriminierungskritik

Diskriminierung wird häufig nicht als solche wahrgenommen und kann – vor allem in Räumen, in denen mehrheitszugehörige Perspektiven überwiegen – nur schwer artikuliert werden. Dieser Aussage würden Menschen, die alltäglich Diskriminierungserfahrungen machen, zustimmen; mehrheitszugehörige Menschen würden ihr wahrscheinlich eher widersprechen. Ebenso wohl ein großer Teil der Menschen, die professionell beraten – gerade im Hinblick auf ihre Ausbildungen, die Intention, die Ausrichtung und das Selbstverständnis ihrer Arbeit.

Getragen durch einen relativ breiten gesellschaftlichen Konsens, wird Diskriminierung als solche verurteilt und als unrecht bewertet. Ebenso gehen die allermeisten Menschen davon aus, dass sie andere Menschen auch in keinem Fall diskriminieren (werden), da sie dies nicht beabsichtigen und da Antidiskriminierung einen wesentlichen Teil ihres Wertesystems darstellt.

WAS IST DISKRIMINIERUNG

In einem gängigen, alltäglichen Verständnis werden unter Diskriminierung herabwürdigende Äußerungen und Handlungen verstanden, die sich in benachteiligender Absicht gegen bestimmte soziale, bzw. sozial konstruierte Gruppen richten. Diskriminierung wird demgemäß eher als ein gesellschaftlich randständiges Thema wahrgenommen – zumindest aus der Perspektive derjenigen, die keine oder kaum diskriminierende Erfahrungen machen (müssen).

Diskriminierung stellt jedoch für viele Menschen eine wirkmächtige alltägliche Realität dar (vgl. ADSB/*Mitte-Studien*; Zick et al. 2019), geschieht vielfach, in allen gesellschaftlichen Bereichen, auf individueller, organisationaler und struktureller Ebene.

Gesellschaftlich tief verwurzelte Stereotype und Vorurteile, soziale und gesellschaftliche Normen – die oft unbewusst reproduziert werden – grenzen Menschen systematisch aus und führen zu sich vielfach wiederholenden Verletzungen. So bestimmen z. B. rassistische Zuschreibungen darüber, ob eine Person »*in der Schule für ihre (Erst-)Sprachkompetenz gelobt wird (›Du sprichst aber gut deutsch!‹), vielfältige Erfahrungen mit Passkontrollen durch die Bundespolizei machen muss, wegen ihrer Hautfarbe einen Job nicht bekommt, sich bei einem Theaterbesuch alle Blicke auf sie richten und ob sie in einer Vielzahl weiterer Situationen ›einfach‹ dazu gehört oder verbesondert wird.*« (Bartel 2015, S. 14)

IN DER BERATUNG

Beratung – als Teil (bzw. Systemaspekt) gesellschaftlicher Dominanzstrukturen – findet meist in Räumen statt, in denen mehrheitszugehörige Perspektiven und Positioniertheiten überwiegen. Arbeitskontexte sind nach wie vor überwiegend von gesellschaftlichen Mehrheitsstrukturen und Normen sowie von (z. B. *weiß* definierten, heteronormativen, körper- und leistungsnormativen) Dominanzverhältnissen geprägt. Definitionsmacht wiederholt sich auch im Sprechen über Diskriminierung – und in der Wahrnehmung dazu, was Diskriminierung ist und was als solche erlebt werden kann.

Diskriminierungserfahrungen – die queere/nicht-binäre Menschen, Menschen, die be_hindert werden, oder die Menschen aufgrund klassistischer, rassistischer, oder z. B. aufgrund von Alterszuschreibungen machen – können sich auch in Beratungssettings auf unterschiedliche Art und Weise wiederholen und reproduzieren:

Wie wird z. B. über Klient*innen gesprochen? Wie über Kolleg*innen? Auf welche Wissensbestände wird zurückgegriffen, welche Sprache wird und benutzt? Welche Personen – im Raum oder auch in Fallschilderungen – werden als verletzbar oder als dominant wahrgenommen? Welche Personen fühlen sich wohl und sicher, welche Personen fühlen sich unwohl? Wer spricht, wer verstummt?

Ein inklusives Verständnis von *Diversity* – die Idee, keine Person auszuschließen, Verletzungen nach Möglichkeit nicht zu wiederholen, Räume zu schaffen, in denen alle beteiligten Personen gleichermaßen wahrgenommen und adressiert werden – erfordert Wissen darüber, was Diskriminierung ist und wie Diskriminierung wirksam wird; darüber, wie Diskriminierung als gesellschaftliche Struktur alle Menschen angeht/betrifft und involviert – und vor allem, welche Haltung und welche Handlungsmöglichkeiten sich daraus in Hinblick auf eine Veränderung ergeben.

- Ziel ist es, einen möglichst sicheren Raum für alle zu gestalten, in dem Diskriminierung als solche wahrgenommen, bewusst gemacht und thematisiert werden kann (vgl. Gomis 2020; Foitzik 2018).

WIRKUNGSEBENEN VON DISKRIMINIERUNG

Diskriminierung geschieht *nicht* in erster Linie aufgrund *individueller* Einstellungen oder individuellen Handelns. Vielmehr basiert Diskriminierung vor allem darauf, dass Stereotype und Vorurteile tief verwurzelt in dominierenden Wissensstrukturen und damit auch in allen gesellschaftlichen Strukturen verankert sind. Diskriminierungserfahrungen sind also *keine singulären* Ereignisse, sondern als *strukturell* – als Teil von gesellschaftlich, institutionell und daher auch individuell wirksamen Diskriminierungs*strukturen* – zu verstehen.

Eingebettet in gesellschaftlich etablierten Normen und Wertesystemen, in institutionellen Regelwerken wird Diskriminierung häufig nicht als solche wahrgenommen, geschieht *oft unbewusst* und nicht notwendigerweise absichtsvoll. Gerade deshalb (*Struktur, nicht Singularität*) führt Diskriminierung zu gesellschaftlicher Ausgrenzung und zu systematischer, sich wiederholender Verletzung und Beeinträchtigung von Menschen.

Diskriminierung ist stets als ein Zusammenwirken dreier, miteinander verwobener Strukturebenen zu begreifen: die individuelle Ebene ist nie losgelöst von der institutionellen und von der gesellschaftlichen Ebene zu verstehen.

WIRKUNGSEBENEN VON DISKRIMINIERUNG

Diskriminierung ist eine Form von Machtausübung, die als gesellschaftliche Ausgrenzung und Benachteiligung von Menschen wirkt. Durch Diskriminierung werden Menschen in ihrer Würde verletzt und in benachteiligende gesellschaftliche Positionen verwiesen (marginalisiert).

Diskriminierung liegen strukturell und gesellschaftlich-diskursiv verfestigte Stereotype und Vorurteile zugrunde. Sie manifestieren sich z. B. in alltäglicher Ausgrenzung, Beleidigungen, abwertenden Witzen, Nichtwahrnehmung, gut gemeinten, aber dennoch ausgrenzenden Fragen oder in institutionalisiertem Handeln (in Schule, Bildungssystem, Personalpolitik, Sicherheitsbehörden, Gesundheitssystem).

Diskriminierung entsteht und wirkt im Zusammenspiel folgender, stets miteinander verwobener Ebenen:

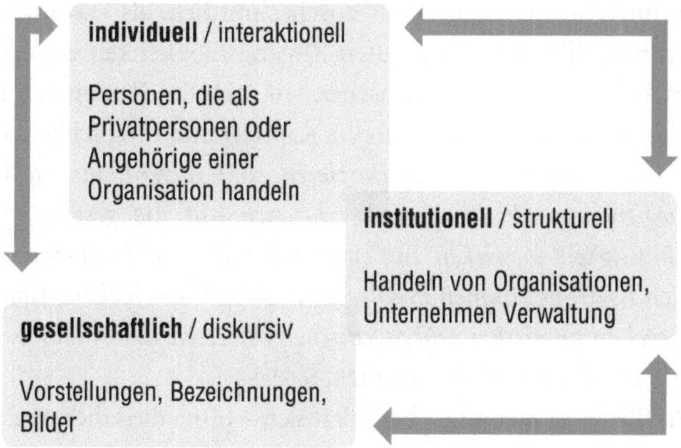

Diskriminierung wird somit, systemisch betrachtet, kontinuierlich auf den ineinander verwobenen Ebenen wirksam, machtvoll diskursiv wiederholt und reproduziert – so auch in den Räumen, in denen Beratung stattfindet und Gruppen sowie Teams zur Reflexion zusammenkommen.

DISKRIMINIERUNGSKRITIK

MARGINALISIERUNG UND PRIVILEGIERUNG

Da Diskriminierung eine Erfahrung ist, die nicht alle Menschen gleichermaßen teilen, wird der Fokus auf unterschiedliche *gesellschaftliche Positioniertheiten* von Menschen zentral, um Diskriminierung wahrnehmen und auch besprechbar machen zu können – um Reflexion und Veränderung zu ermöglichen.

So erleben marginalisiert positionierte Menschen Barrieren und Ausschluss, u. a. im Zugang zu Arbeit, zu Wohnraum, zu sozialen Sicherungssystemen, sowie zu sozialer und gesellschaftlicher Teilhabe. Sie erleben herabwürdigende Zuweisungen und Verletzungen ihrer Integrität und Würde. Mehrheitszugehörige Menschen hingegen machen eher Erfahrungen selbstverständlicher Zugehörigkeit, erleben ihre Zugangschancen als durchschnittlich, als »normal«. Die selbstverständlicheren und guten Zugangsmöglichkeiten bedeuten für mehrheitszugehörige Menschen ein mehr an Ressourcen (ökonomisches, soziales und kulturelles Kapital) und Möglichkeiten.

»Diskriminierungen und Barrieren sind unverdiente Nachteile, Privilegien unverdiente Vorteile, die sich auf die gesellschaftliche Durchlässigkeit auswirken. Auf einer alltäglichen und auf einer strukturellen Ebene bestimmen Privilegien unsere (Über-)Lebens-Chancen; das Level an physischer und psychischer Unversehrtheit und (sozialer) Mobilität.« (Nassir-Shahnian 2020, S. 29)

Privilegierte Menschen befinden sich – ohne dass dies intendiert und absichtsvoll geschieht – in einer gesellschaftlich mächtigeren

Position. Sie sind, im Gegensatz zu marginalisierten Menschen mit (meist unbewussten) Privilegien ausgestattet: »*Es ist eher die Erfahrung, durch eine automatische Glastür hindurch zu gehen als in sie hinein zu gehen.*« (Frankenberg 1996, zit. in Gutiérrez 1999, o. S.)

Privilegierte Menschen, also Menschen ohne eine spezifische Diskriminierungserfahrung, sehen ihre Privilegien in der Regel nicht – sie halten diese für ›normal‹ und für selbstverständlich »allen« verfügbar und nehmen daher Diskriminierung als solche weniger wahr.

Diskriminierung geschieht – da sie mit tief verankerten, internalisierten Wissensbeständen verwoben ist – *oft unintendiert und unbewusst.* Auch unbeabsichtigte Handlungen (wie z. B. im Kontext alltagsrassistischer, oft »gut gemeinter« Situationen) sind diskriminierend und werden als diskriminierend erfahren. Daher sind Diskriminierungserfahrungen anzuerkennen und Diskriminierung als solche zu benennen. Nicht die Absicht (»nicht so gemeint«) entscheidet, ob es sich um Diskriminierung handelt, sondern das Ergebnis, die Wirkung. Dementsprechend ist es wichtig, auch im Sprechen über Diskriminierung nicht die Absicht, sondern die Wirkung im Vordergrund zu sehen.

Menschen sind jedoch nie ausschließlich entweder marginalisiert oder privilegiert, vielmehr sind Menschen mehrfachzugehörig und werden in unterschiedlichen Machtverhältnissen marginalisiert oder privilegiert. Gleichzeitig sind Machtverhältnisse wechselwirksam (einander in der Wirkung verstärkend) miteinander verwoben (→ vgl. Kapitel »Intersektionale Machtverhältnisse« und → Kapitel »Diversity_ – machtkritische professionelle Prozessbegleitung«).

MACHTKRITISCHES VERSTÄNDNIS VON DISKRIMINIERUNG

Im Unterschied zu einer juristischen Definition wird Diskriminierung in sozialwissenschaftlichen und machtkritischen Ansätzen nicht vom Individuum (als juristische Person) ausgehend definiert, sondern aus einer strukturellen Perspektive beschrieben (Dominanzkultur) (vgl. Foitzik et al. 2019, S. 12).

Zentral in einem sozialwissenschaftlichen und machtkritischen Verständnis von Diskriminierung ist daher deren *strukturelle* Verankerung im Kontext gesellschaftlicher Machtverhältnisse und *gesellschaftlicher Dominanzstrukturen.*

Im Unterschied zu *vereinzelten* Gewalt- und Ausschlusserfahrungen, die auch mehrheitszugehörige Menschen machen können, sind Diskriminierungen als Ausgrenzungs- und Gewalterfahrungen *systematischer* Bestandteil des alltäglichen Erlebens marginalisierter Menschen. Sie knüpfen sich an gesellschaftliche Positioniertheit, an eine (gewählte oder zugewiesene) Zuordnung zu einer sozialen (genauer: sozial konstruierten) Gruppe und an machtvolle (und damit auch wirkmächtige) Zuschreibungen. Nicht jede Ausgrenzungs- und Gewalterfahrung ist also auch eine Diskriminierung.

Diskriminierungserfahrungen werden so von marginalisierten Menschen immer wieder aufs Neue, in verschiedenen Kontexten, auf unterschiedlichen Ebenen gemacht; sie wiederholen sich und werden von anderen geteilt, die diesen Erfahrungen ebenso *systematisch* und *wiederholt* ausgesetzt sind.

DISKRIMINIERUNGSKRITISCHE PRAXIS

Wie kann das Sprechen über Diskriminierung, das Ansprechen einer (wahrgenommenen oder erlebten) Diskriminierung ermöglicht werden?

- Verortung des Problems und Fokus: *Nicht das Individuum, sondern die Struktur(en)!* Ein machtkritisches systemisches Verständnis von Diskriminierung (als Reproduktion internalisierter hierarchisierender Wissensbestände) ermöglicht den Blick auf (Macht-/Dominanz-)*Strukturen* (anstatt *Individualisierung* des Problems).
- *Verantwortung statt ›Schuld‹*: Der Blick auf Strukturen eröffnet Handlungsperspektiven. Menschen können Verantwortung übernehmen für ihr Handeln im Kontext von Machtverhältnissen. Sie sind nicht individuell ›schuld‹/›selbst schuld‹.

- *Diskriminierung in institutionellen Praxen machtkritisch reflektieren*: Wo wird unbeabsichtigt Diskriminierung in einer Organisation reproduziert (z. B. in der Personalpolitik oder in Arbeitsabläufen).
- *Es geht nicht um die Absicht, sondern um die Wirkung:* Diskriminierung kann – auch wenn die Person, von der sie ausgeht, ihre gute Absicht beteuert – als solche, ohne zu individualisieren, benannt werden: *als* erlebte, gewaltvolle Zuschreibung, *strukturelle* Ausgrenzung und Benachteiligung in gesellschaftlichen *Machtverhältnissen.*

Um im Kontext von Gruppen und Teams Diskriminierung für alle Personen gleichermaßen besprechbar zu machen ist es zentral, Machtgefälle im Sprechen über Diskriminierung im Blick zu haben. Unterstützend ist dabei eine (selbstreflexive) diskriminierungskritische Haltung:

DISKRIMINIERUNGSKRITIK – ANSETZEN BEIM *EIGENEN NICHT-WISSEN* UND EIGENEN PRIVILEGIEN

Alle Menschen werden anhand verschiedener Differenzlinien und Diskriminierungsformen sozial und gesellschaftlich positioniert und ungleich behandelt. Diskriminierung ist daher ein fundamentaler Teil gesellschaftlicher Realität(en) und gesellschaftlicher Strukturen.

Alle Menschen sind mit und durch gesellschaftliche Differenzordnungen, Macht- und Dominanzstrukturen sozialisiert und haben diese in unterschiedlicher Weise – in privilegierter oder de-privilegierter Positionierung – verinnerlicht. Daher erfolgt Diskriminierung nicht immer nur absichtsvoll und als bewusste Benachteiligung: Diskriminierung wird häufig unbewusst reproduziert und gerade auf diese Weise strukturell verfestigt und institutionalisiert.

Ein kritischer Umgang mit Diskriminierung setzt daher am Bewusstmachen der *eigenen* gesellschaftlichen (dominanten) *Positioniertheit* in gesellschaftlichen Machtverhältnissen an.

Vor allem die kritische Auseinandersetzung mit dem *eigenen Nicht-Wissen* (der aufgrund dominanter Positionierung eingeschränkten Perspektive), den unhinterfragten ›Gewissheiten‹, ›Selbstverständlichkeiten‹ und ›Normalitäten‹ (Privilegien) sowie den unbewussten Vorteilen, die auch ohne bewusste Absicht bestehen, ist hierfür eine wichtige Grundlage.

Diskriminierungskritik bedeutet, marginalisierten Perspektiven Raum zu geben, diese anzuerkennen und aktiv einzubeziehen – in die Reflexion, die Auseinandersetzung, Planung, Entscheidungen, in das professionelle Handeln.

WO BEGINNT DISKRIMINIERUNG? STEREOTYPE UND VORURTEILE

Diskriminierung beginnt, dem genauen Wortsinn nach, damit, dass (machtvolle) hierarchisierende Unterscheidungen getroffen werden: lat.: *discriminare* = trennen, unterscheiden (vgl. unten: → *Diskriminierung und soziale Gruppenbildung*).

Diskriminierung basiert auf binären Unterscheidungen, die z. B. als Stereotype und Vorurteile gesellschaftliche Wirkmächtigkeit erlangen. Menschen werden damit zu ›Anderen‹ *gemacht*. Mit Fokus auf gesellschaftliche und globale Machtverhältnisse beschreibt Postkoloniale Theoriebildung diesen Vorgang daher als VerAnderung (*Othering*) (vgl. → Kapitel »Dominanz- und Machtverhältnisse«, *Rassisierung*).

UNTERSCHEIDUNGEN UND »BILDER IM KOPF«

Unterscheidungen sind also in der Regel verbunden mit gesellschaftlich dominanten Vorstellungen und Bewertungen (Machtverhältnissen) und nicht losgelöst von diesen zu denken. Von Beginn an und im Lauf unseres Lebens und unserer Sozialisation verbinden sich diese gesellschaftlichen Denkmuster, Ordnungskategorien und Normvorstellungen im Zusammenspiel mit unseren Erfahrungen zu – in der Regel unbewussten – »Bildern im Kopf« (Abdul-Hussain/Hoffmann 2013) bzw. auch zu Stereotypen und Vorurteilen. Bilder im Kopf beeinflussen wie eine Art »Filter« Wahrnehmung, Gefühle und Denken. Bleiben sie unreflektiert, beeinflussen sie auch Kommunikation und Handeln und können so zu diskriminierenden Handlungen führen.

Bilder im Kopf bilden »ein integrales Element des menschlichen Zugangs zur Wirklichkeit« (Abdul-Hussain/Hoffmann 2013) und bedürfen daher einer kontinuierlichen (selbst-)kritischen Prüfung. In seinem Buch »Deep Diversity« schildert Shakil Choudhury eine Geschichte, die er die »Geschichte vom *Zögern*« nennt. (Choudhury 2017, S. 39f.) Beschrieben wird, wie eine Person als Empfehlung für einen Sehtest eine Visitenkarte überreicht bekommt und dann »den Namen: Abdeiso Kiyanfar« liest: Plötzlich macht sich Unsicherheit bemerkbar, Bilder steigen im Kopf auf, es gibt ein Zögern, dort anzurufen (Wer ist diese Person? Ist sie vertrauenswürdig?) – und erst nach dem selbstkritischen Bewusstmachen der eigenen Stereotype und Vorurteile vereinbart die Person letztendlich doch einen Termin. Erst am Ende dieser Geschichte löst Choudoury auf, dass er selbst Protagonist dieses Zögerns ist – dass er zögerte, obwohl er »ein erfahrener Experte auf dem Gebiet von Diversität und Antirassismus« ist und sich zudem als *Person of Color* begreift.

Machtvolle Bilder im Kopf betreffen alle Menschen, sie werden von allen Menschen internalisiert, auch dann, wenn sie, wie hier geschildert, durch das gleiche Machtverhältnis (hier etwa Rassismus) marginalisiert werden, das in der Situation durch *Bilder im Kopf* die Wahrnehmung beeinflusst.

STEREOTYPE UND VORURTEILE

STEREOTYPE (griechisch steréos: starr, týpos: Muster) – klischeehafte, starre Bilder

- sind *generalisierende* (verallgemeinernde) Vorstellungen über eine ›Gruppe‹ von Menschen bzw. über Personen, die dieser ›Gruppe‹ zugeordnet und so kategorisiert werden.
- Stereotype beruhen auf nicht überprüften, gesellschaftlich und historisch tradierten Annahmen und wirken daher relativ hartnäckig weiter – auch deshalb, weil sie
- einer *Vereinfachung* der Sichtweise auf die Welt dienen. (Komplexitäts-Reduktion)

VORURTEILE (in sozialpsychologischer Forschung unterschieden von Stereotypen)

- sind pauschalisierende, mit (meist) *negativen Bewertungen* verknüpfte Einstellungen ohne überprüfte Grundlage (Vor-Urteile).
- Sie dienen der Vereindeutigung, Vereinfachung, dem Ordnen und Strukturieren komplexer Zusammenhänge
- und dem klaren *Abgrenzen* des ›Anderen‹ vom ›Eigenen‹
- sowie der Aufwertung der eigenen Identität und der Bestätigung der eigenen (kollektiven) Identität als Norm.

Stereotype und Vorurteile wirken als gewaltvolle Kategorisierungen und kontinuierlich erlebte VerAnderung:

»*Ein Stereotyp ist wie ein Panzer. Doch er schützt nicht diejenigen, die ihn tragen, sondern die Ignoranz der Außenstehenden. Stereotype sind Panzer der Ignoranz, die die Ignorierten zu tragen haben. Sie wiegen schwer, sie belasten ihre Träger*innen und zwingen sie in schwachen menschlichen Momenten in die Knie. Ich betrachte die Stereotype, in die ich drohe hineinzuwachsen: Die Kopftuchträgerin, die engagierte Muslimin, die liberale Muslimin, die feministische Muslimin, die Ausnahme.*« (Gümüşay 2020, S. 69)

DISKRIMINIERUNG UND SOZIALE GRUPPENBILDUNG

Sozialpsychologische Theorien richten in der Untersuchung von Stereotypen und Vorurteilen den Fokus auf individuelle Einstellungen. Gesellschaftliche Machtverhältnisse und deren historische Entwicklungsgeschichte werden dabei eher ausgeblendet. »Bilder im Kopf« sind jedoch nicht ohne die jahrhundertelange Geschichte der Kolonisierung, des Orientalismus, der Heteronormativität und der patriarchalen Gewalt zu verstehen. Sie sind verwoben mit den in diesem Kontext konstruierten, kulturell tradierten Bildern und hierarchisierenden, Macht legitimierenden Wissensbeständen.

Sozialpsychologische Forschung zu Gruppenbildung und sozialer Identität (Sherif/Sherif 1961; Tajfel/Turner 1986), die auf die Bedeutung von Stereotypen und Vorurteilen bei der Konstruktion sozialer Gruppen hinweist, blendet diesen historisch-gesellschaftlich/globalen Macht-Zusammenhang aus.

Sie beschreibt jedoch, wie häufig sehr schnell und spontan, auf Basis angenommener bzw. zugeschriebener Gemeinsamkeiten (etwa Geschlecht, Alter, Hobbies, Bildungsabschlüsse) durch Unterscheidung und Abgrenzung soziale Gruppen gebildet werden. Das »Wir«-Gefühl der »Eigengruppe« wird gestärkt, indem die Gruppe der »Anderen« (»Fremdgruppe«) abgewertet und homogenisiert wird. Die »Wir«-Gruppe wird dabei grundsätzlich positiv bewertet und als normgebend angenommen.

Diese Form der abgrenzenden Gruppenbildung (»Eigen-« versus »Fremdgruppe«) ist fundierender Teil sozialer Prozesse in allen Gesellschaftsbereichen, so auch in Institutionen, in Arbeitskontexten. Je nach Kontext und Macht-Dynamik (z. B. im Fall autoritärer, stark hierarchischer Strukturen, Klima der Angst) kann sie zu massiver Ausgrenzung und Spaltung, zu Mobbing sowie zu Diskriminierung führen.

Diskriminierend wirken Stereotype und Vorurteile sowie Ausgrenzung und Mobbing dann, wenn sie sich gleichzeitig an gesellschaftlich machtvolle Zuschreibungen, in Verbindung mit historisch tradierten gesellschaftlichen Machtverhältnissen knüpfen und wenn sich dadurch für Menschen gewaltvolle Marginalisierungserfahrungen wiederholen.

Das bedeutet nicht, dass im Falle von Diskriminierung diese Erfahrungen graduell als gewaltvoller (oder weniger gewaltvoll) bewertet werden als andere, sondern, dass für ihre Bearbeitung unterschiedliche Herangehensweisen notwendig sind bzw. entsprechend klar mit einer diskriminierungskritischen Perspektive gearbeitet werden muss.

DISKRIMINIERUNGSKRITISCHES, VORURTEILSBEWUSSTES HANDELN IN DER BERATUNGSPRAXIS

Eine diskriminierungskritische Praxis, basierend auf einem machtkritischen Verständnis von Stereotypen und Vorurteilen orientiert sich an folgenden Aspekten:

- Eine *machtkritische Perspektive* auf Stereotype und Vorurteile verdeutlicht, dass diese von *allen* Menschen reproduziert werden können, auch wenn sie selbst durch diese marginalisiert werden: *Verinnerlichte Machtverhältnisse (Dominanzkultur)* bewirken, dass die herrschende *Norm*alität (bezüglich Be_hinderung, Rassismus, Sexismus oder z. B. Heteronormativität) – bewusst oder auch unbewusst – unabhängig von der Positioniertheit von Menschen mitgetragen wird bzw. mitgetragen werden kann.
- Durch die *Aufmerksamkeit auf verinnerlichte Stereotype und Vorurteile* können diese als solche wahrgenommen und benannt werden. Wenn diese z. B. im Kontext von Fallbesprechungen stark verhärtet oder emotional aufgeladen sind, kann es helfen, die Arbeits-/Sachebene zu betonen: Was ist das Ziel, worum geht es eigentlich – und ggf. später gemeinsam Stereotype zu dekonstruieren.
- Die *Benennung von Stereotypen und Vorurteilen* trägt dazu bei, für alle Anwesenden einen *möglichst sicheren Raum* zu schaffen, in dem diese nicht reproduziert werden (sollen).

- Wenn bei Konflikten oder Mobbingsituationen Diskriminierung eine Rolle spielt, wird auch eine explizit *diskriminierungskritische Konfliktklärung* oder Mediation benötigt.

DISKRIMINIERUNGSSCHUTZ ALS HANDLUNGSMAXIME

DISKRIMINIERUNGSERFAHRUNGEN ALS GEWALTERFAHRUNGEN

Im konkreten Erleben ist Diskriminierung eine gewaltvolle Erfahrung: »Etwas, das Menschen geschieht, sie verletzt, ausgrenzt und ihre Identitäten und Lebenswege prägt.« (Bartel 2013, S. 6)

Die gewaltvolle Erfahrung des Reduziertwerdens auf zugeschriebene ›Merkmale‹, der Stereotypisierung und der Unmöglichkeit sich dem zu entziehen, hat – als alltägliche Erfahrung – gravierende diskriminierende Auswirkungen auf Menschen.

»Auf kein Attribut werden muslimische Frauen derart reduziert wie auf dieses Kleidungsstück. Sie werden sogar danach benannt: Kopftuchträgerin. Ihre gesamte Menschlichkeit, ihre gesamte Erfahrungswelt wird darauf reduziert. […] Sie werden nicht als Menschen wahrgenommen, sondern als Pressesprecherinnen ihrer Religion.« (Gümüşay 2020, S. 72). Diese Erfahrungen bleiben in der Regel unbenannt, bzw. sind nicht Teil dominanter Diskurse bzw. gesellschaftlich anerkannten Wissens.

Diskriminierung bedeutet, alltäglich Erfahrungen ausgesetzt zu sein, die gewaltvoll – durch konkrete Handlungen, durch Sprache und Blicke – Teil des eigenen Lebens, der Selbstwahrnehmung von Menschen werden. Es gibt für sie keine Option, Diskriminierung nicht zu erleben, sich dieser Erfahrung zu entziehen. *»Am Flughafen als Einzige vom Zoll kontrolliert zu werden oder aus Angst vor einer Ablehnung nicht mit zu einer Wohnungsbesichtigung zu kommen sind Erfahrungen, die für von Rassismus Betroffene leider zum Alltag gehören.«* (Agne 2016, S. 3) Jederzeit verwundbar zu sein, jederzeit Beleidigungen und Aggressionen ausgesetzt sein zu können, sind ständig präsent und »*für diejenigen, die sie empfinden, wird die Angst zur Struktur des In-der-Welt-Seins selbst.*« (Eribon 2017, S. 49)

Untersuchungen zu sogenanntem »Minority Stress« belegen, dass minorisierte/marginalisierte Menschen (z. B. nicht heteronormativ lebende bzw. sich als schwul, lesbisch, queer definierende oder so gelesene Menschen) einem konstant erhöhten Stress ausgesetzt sind. Dieser ist verbunden mit erlebten gewaltvollen Diskriminierungen, mit internalisierten Machtverhältnissen, der Erwartung, dass sich gewaltvolle Ereignisse jederzeit potenziell wiederholen können, sowie mit konstanter Wachsamkeit. (Meyer 2003)

Diskriminierungs- und Marginalisierungserfahrungen können kumulative Traumata hervorrufen, sie haben Einfluss auf das körperliche Wohl- und Sicherheitsbefinden sowie auf die Gesundheit von Menschen (vgl. Velho 2011, S. 12; Prasad 2012).

Diskriminierungserfahrungen werden zudem internalisiert, sie werden Teil der (eigenen) Identität und Wahrnehmungsperspektiven. Verinnerlicht werden Erfahrungen sowohl von Gewalt, Angriff, Abwertung und Infragestellung, als auch von Kategorisierungen und Zuschreibungen.

INTERNALISIERUNG VON MACHT UND GEWALTVERHÄLTNISSEN – STRATEGIEN UND SELBSTSCHUTZ

Im Kontext von Rassismuserfahrungen beschreibt Stuart Hall die Internalisierung »des Selbst als Anderes« und wie dadurch Rassismus »auch innerhalb der dominierten Subjekte wirksam« wird (Hall 1994, S. 20). Die Internalisierung bedingt, dass Menschen sich selbst – entsprechend erlebter Zuschreibungen – als ›abweichend‹ oder ›minderwertig‹ erfahren. Diskriminierungen (z. B. Alltagsrassismen) als wiederholte Erfahrung werden so Teil des eigenen Selbstbildes.

Um diese Situation zu bewältigen – und auch zu überleben – sind Strategien notwendig, die den eigenen Selbstwert schützen und auch die eigene (psychische und physische) Gesundheit erhalten. Mögliche Strategien und Umgangsweisen sind u.a. das *Nicht-Wahrnehmen*, Nicht-in-Frage-Stellen von erlebter Abwertung und Diskriminierung, oder die Übernahme vorherrschender abwertender Muster (vgl. Baig 2009, S. 61f.). Auch *Anpassung*, das Ignorieren bzw. Verleugnen von Machtverhältnissen und Diskriminierung, sowie Entsolidarisierung können entsprechende Strategien sein, ebenso wie Verheimlichung und *Rückzug*.

Eine andere Form von Rückzug bietet der selbstermächtigende »Rückzug« in Gemeinschaften (*communities*), die mit denselben Diskriminierungserfahrungen konfrontiert sind (Empowerment, Stärkung und Schutz), sowie eine verstärkte *Identifikation* mit diesen.

Rückhalt in einer Gemeinschaft unterstützt auch eine weitere Strategie: das Bewusstmachen von Diskriminierungsstrukturen, Selbstermächtigung und *Widerstand*.

Das Anerkennen der Notwendigkeit unterschiedlicher Strategien im Umgang mit erlebter Marginalisierung und Diskriminierung bildet eine unabdingbare Ausgangsbasis für diskriminierungskritisches Handeln in Beratungskontexten.

Gleichzeitig ist es wichtig, Diskriminierung und Machtverhältnisse als solche zu benennen – *ohne* Menschen damit in ihren gewählten Strategien in Frage zu stellen.

SEKUNDÄRE DISKRIMINIERUNGSERFAHRUNGEN

Erfahrungen und Positionen von Menschen, die Diskriminierung erleben, werden häufig weniger beachtet, werden weniger gehört. Marginalisierte Perspektiven erhalten in der Regel weniger Raum, im Gegensatz zu den Positionen von Angehörigen der gesellschaftlichen Mehrheit. Zudem werden sie auch häufig weniger ernst genommen oder als Überempfindlichkeit abgetan. Dadurch werden sekundäre Diskriminierungserfahrungen – auch in Beratungssettings – hergestellt. Sekundäre Diskriminierung geschieht dann, wenn es keine klare Wahrnehmung, Benennung und Anerkennung diskriminierender Situationen, bzw. geschilderter Situationen als diskriminierend gibt: »*Es ist wichtig und unerlässlich, dass sich Menschen deutlich gegen jede Form von Rassismus aussprechen (...) Es ist wichtig, die rassistischen Erfahrungen anderer als solche anzuerkennen und nicht herunterzuspielen, denn was eine rassistische Erfahrung ist, kann im Zweifel nur die Person beurteilen, die sie gemacht hat.*« (Agne 2016, S. 3)

DISKRIMINIERUNGSSCHUTZ ALS PROFESSIONELLE HALTUNG IN BERATUNGSKONTEXTEN

Im Hinblick auf die Gestaltung von Beratungssettings und das Arbeiten mit Gruppen geht es zentral darum, die Reproduktion von Diskriminierungserfahrungen nach Möglichkeit zu verhindern. Das bedeutet, Verantwortung und Sorge zu tragen, einen möglichst »sicheren« Raum für alle Anwesenden zu schaffen. Gerade weil absolute Sicherheit nicht zu garantieren ist – denn es gibt kein ›Außerhalb‹ gesellschaftlicher Machtverhältnisse und daher keine machtfreien Räume – ist die Verantwortung für Diskriminierungsschutz umso bedeutender. Geschilderte Erlebnisse im Kontext von Fallbesprechungen oder auch im Kontext der Team- und Zusammenarbeit müssen in ihrer diskriminierenden Wirkung anerkannt werden, ohne diese abzuschwächen – ebenso wie gewählte Strategien des Umgangs:

- Geschilderte Diskriminierungserfahrungen nicht relativieren, sondern (uneingeschränkt) anerkennen
- Individuell gewählte *Strategien im Umgang mit Diskriminierung anerkennen*, ohne sie zu bewerten – auch wenn Irritation entsteht
- *Diskriminierung als solche benennen, unabhängig* ob sie z. B. von einer marginalisierten Person als solche empfunden (oder benannt) wird
- Gleichzeitig aber auch die Perspektive der betreffenden Person stehen lassen und ebenfalls anerkennen

- *Traumakompetente, köperbezogene, stressreduzierende Interventionen* sind unerlässlich in belastenden Situationen, in denen Diskriminierung thematisiert wird
- Selbstfürsorge aktiv stärken

Strategien der *Selbstfürsorge* und Impulse, diese aktiv zu stärken, wurden und werden in *Empowerment*-Ansätzen, vor allem im Kontext *Schwarzer feministischer Bewegungen* entwickelt: Die Auseinandersetzung mit und das Ankämpfen gegen (stets mit anderen Machtverhältnissen verwobene) rassistische Strukturen fordert diskriminierten Menschen enorm viel Kraft und Energie ab. Im Sinn einer Selbstfürsorge, für das eigene Überleben und Wohlergehen ist es daher notwendig, der Verinnerlichung von Rassismus und den eigenen Verletzungen Aufmerksamkeit zukommen zu lassen. Selbstfürsorge wird in diesem Zusammenhang zu einem politischen und *widerständigen Konzept*, wie bell hooks schreibt: »›*choosing wellness*‹ *is an act of political resistance.*» (hooks 1993, S. 14) »Wellness« als Widerstandsform bedeutet, sich in einer Unterdrückungsstruktur *für das eigene Wohlbefinden zu entscheiden* und aktiv dafür einzusetzen.

Die *Verantwortung* beratender Personen liegt in diesem Zusammenhang darin, für *Entlastung* zu sorgen und angemessene, selbststärkende Interventionen zu setzen. *Selbstermächtigung* ist dabei immer gekoppelt an Vernetzung und Selbstorganisation zu begreifen – sie erfolgt *selbstorganisiert.*

DISKRIMINIERUNGSSCHUTZ

Für die Gestaltung inklusiver Reflexionsräume bildet daher Diskriminierungsschutz eine leitende Handlungsmaxime. Dabei geht es um möglichst sichere Räume (*safer spaces*). Das Konzept Diskriminierungsschutz ist dabei in erster Linie an den ungleich verteilten *Diskriminierungsrisiken* orientiert.

Ziel ist es, im Thematisieren von Diskriminierung und im Umgang mit Diskriminierung das Lernen und Reflektieren für alle Beteiligten respektvoll und gleichberechtigt zu ermöglichen.

Dazu gehört:

- Aufmerksam für mögliche sekundäre Diskriminierungserfahrungen zu sein,
- diese nach Möglichkeit zu *vermeiden* bzw. angemessen zu bearbeiten,
- (geschilderte) Diskriminierungserfahrungen *anzuerkennen*,
- *Verantwortung* (für das Benennen von Diskriminierung) nicht zu delegieren,
- vor allem *nicht an Personen mit Diskriminierungserfahrung* (Mehrfachbelastung, Risiko sekundärer Diskriminierungserfahrung), sondern zu *übernehmen*
- und dabei die *Selbstbestimmung* und Grenzen von Diskriminierung erfahrenden Personen *respektieren* – ob und wie sie eine Diskriminierung im betreffenden Kontext besprechen wollen.

DISKRIMINIERUNG BESPRECHBAR MACHEN – *EMPOWERMENT* UND *POWERSHARING*

Eine diskriminierungskritische Praxis in Supervision und Coaching bzw. in der Beratungsarbeit nimmt Menschen als unterschiedlich in gesellschaftlichen Machtverhältnissen sozialisiert und positioniert wahr und geht davon aus, dass Menschen unterschiedliche Erfahrungen machen, die vor allem auch unterschiedliche Verletzbarkeit bedeuten. Dabei geht es keinesfalls um eine kategorische Unterscheidung in Macht und Ohnmacht oder Täter und Opfer, sondern – im Sinn der Arbeitsfähigkeit und Selbstverantwortung – darum, »*Personen dabei als handlungsfähige Subjekte [zu betrachten], die sich zu den Verhältnissen, in denen sie leben und die sie mit mehr oder weniger Macht ausstatten, aktiv verhalten und in Beziehung setzen.*« (Foitzik 2019, S. 12)

PRIVILEGIERTE ABWEHR – UMGANG MIT PRIVILEGIEN

Für Menschen mit Mehrheitszugehörigkeiten bedeutet die Konfrontation mit Diskriminierung und mit Diskriminierungserfahrungen, die andere Personen machen, immer auch eine Konfrontation mit der eigenen machtvollen Positioniertheit.

»*Als mir bewusst wurde, dass ich allein aufgrund meines weißseins in vielen Situationen anders und eben besser behandelt werde als Menschen of Color, und dass ich ungewollt und ohne mein Zutun mehr Macht und Möglichkeiten habe, fühlte ich mich schuldig und schämte mich. Schuldig wegen der Erkenntnis, dass nicht nur Menschen unter Rassismus leiden, sondern dass ich auch noch davon profitiere, dass es zwei Seiten derselben Medaille sind. Und beschämt ob meiner Ignoranz, an der ich so lange festgehalten hatte. Und wegen der Erinnerungen an die vielen Momente, in denen ich etwas Rassistisches gesagt oder getan hatte, in der festen Überzeugung, keine Rassistin zu sein.*« (Piper 2016, S. 18)

Die Erkenntnis, privilegiert zu sein, ist vor allem mit der Erschütterung von (Selbst-)Gewissheiten verknüpft (ein *guter Mensch* zu sein, nicht diskriminierend zu sein) und löst oft starke Abwehr – Bagatellisierung und Verleugnung – aber auch Verunsicherung, Angst und Scham (darüber hinweggehen) aus. In Beratungssettings kann es vorkommen, dass diese Perspektiven und Reaktionen – die hier sich artikulierende *privilegierte Abwehr* (vgl. → Kapitel »Diversity – ein Konzept für die Beratungspraxis« und vgl. Okun 2010; Hornstein 2016) – viel Raum erhalten und sich damit erneut Macht- und Diskriminierungsverhältnisse wiederholen. Was damit aus dem Blick geraten kann, ist die *strukturelle* Verfasstheit von Diskriminierungsverhältnissen, ihre Verwobenheit mit gesellschaftlichen Dominanz- und Macht*strukturen.*

Die Auseinandersetzung mit Gefühlen der Schuld und der Scham, eine nach Möglichkeit empathische Haltung diesen gegenüber ist – ebenso wie der Fokus auf gesellschaftlich-strukturelle Bedingtheiten und Funktionen von Gefühlen – notwendig und prozessunterstützend.

Ebenso wichtig ist es:

- die *Aufmerksamkeit nicht vorrangig den privilegierten* Abwehrreaktionen und Positionen zukommen zu lassen,
- den *Fokus* auf Macht- und *Diskriminierungsstrukturen* zu richten,
- die Aufmerksamkeit so zu fokussieren, dass die *als diskriminierend benannten Situationen als solche benannt bleiben* und keine Wiederholungen diskriminierender Situationen (sekundär) im Raum stattfinden.

EMPOWERMENT UND POWERSHARING

Empowerment und *Powersharing* sind Konzepte, die im Kontext der Schwarzen und der feministischen Bewegungen seit den 1950er Jahren entwickelt wurden. Der Begriff *power* bezieht sich in diesem Kontext auf politische Macht, auf Teilhabegerechtigkeit und letztlich auf die Vision einer gerechteren Gesellschaft.

Empowerment setzt als Konzept am Bewusstmachen diskriminierender Strukturen und deren Auswirkungen auf Selbstwertgefühle (Verinnerlichung, Verletzung) an, zielt auf *Selbstermächtigung* – im Sinne einer Stärkung von Widerstandskräften – sowie darauf, Macht über das eigene Leben zu erlangen und dieses selbst zu bestimmen. *Empowerment*-Workshops finden in geschützten Räumen (*safer spaces*) statt, in denen Prozesse der Emanzipation und auch der »Heilung« (*healing*) (Yigit/Can 2006) entstehen und gegenseitig unterstützt und gestärkt werden können. Bei *Empowerment* geht es damit immer auch um (politische) Prozesse der *Selbstorganisation* (anstelle etwa von Bevormundung, so auch in der Forderung »Selbstorganisation statt *sozialer Arbeit für Romn*ja*«; vgl. Barz 2020, S. 166).

Menschen, die im Kontext gesellschaftlicher Machtverhältnisse relativ machtvoll bzw. privilegiert sind, »brauchen kein Empowerment im Sinne dieses Konzepts und können auch andere nicht ›empowern‹ […] sie können einen direkten, solidarischen Beitrag zu Empowerment leisten, […] indem sie ihre Macht mit minorisierten Gruppen teilen.« (Rosenstreich 2020, S. 232) In diesem Zusammenhang wird der Begriff Powersharing genutzt, der darauf abzielt, dass Macht bewusst geteilt und abgegeben wird.

Die Konzepte *Empowerment* und *Powersharing* werden auch in Beratungskontexten relevant: Gleichberechtigte Beteiligungschancen zu ermöglichen, beinhaltet eine Auseinandersetzung und Umsetzung von Konzepten, die Machtungleichheiten berücksichtigen.

Diese Prozesse sind durchaus konflikthaft. Entsprechend hilfreich und notwendig ist eine nach Möglichkeit klare professionelle Haltung. Ausgangspunkt dafür bildet das Sich-bewusst-Machen der eigenen Verortung, also Positioniertheit als professionell beratende Person im Kontext gesellschaftlicher Machtverhältnisse.

POSITIONIERUNG – AUSGANGSPUNKT EINER DISKRIMINIERUNGSKRITISCHEN, PROFESSIONELLEN HALTUNG

Im Kontext diskriminierungskritischen Arbeitens bezeichnet Positionierung »die bewusste und selbst gewählte inhaltlich-politische Position, die eine Person in Bezug auf die gesellschaftlichen Verhältnisse einnimmt und mit Praxis füllt.« (Bartel 2013, S. 15)

Für privilegiert positionierte Menschen beinhaltet dies, *Macht zu teilen*, Macht abzugeben und sich selbstkritisch mit der eigenen Macht auseinanderzusetzen. Macht zu teilen bedeutet, die Perspektiven marginalisierter Personen zu berücksichtigen und aktiv einzubeziehen. Es bedeutet, auch zurückzutreten, gewohnte (oft selbstverständlich erscheinende) eigene Dominanzmuster wahrzunehmen, auf diese zu verzichten, zuzuhören, sich zurückzunehmen.

Positionierung bedeutet auch, Verantwortung zu übernehmen – und sich die eigene gesellschaftliche *Positioniertheit* bewusst zu machen, diese zu artikulieren, sie als Ausgangspunkt von Perspektiven diskriminierungskritisch zu *benennen.*

In professionellen Kontexten geht es hinsichtlich der Gestaltung von Beratungssettings darum, zu ermöglichen, dass Macht abgegeben und geteilt werden kann und gleichzeitig *Raum für Selbstermächtigung* (*Empowerment*) zur Verfügung steht

Empowerment und *Powersharing* in der Beratungsarbeit zu berücksichtigen beinhaltet eine klare Haltung dazu, wie in machtungleichen Situationen unterschiedliche Positioniertheiten – und damit verbunden unterschiedlich Bedürfnisse wie auch Lernziele – berücksichtigt werden können.

Die Auseinandersetzung mit Diskriminierung erfordert im Hinblick auf marginalisierte Positionen (Menschen, die Diskriminierung erleben – diskriminierungserfahren sind – und die aufgrund dieser gesellschaftlichen Positioniertheit verletzbar sind) die Unterstützung von Selbstermächtigungsprozessen.

Für privilegiert positionierte Menschen, geht es um eine Integration des eigenen Privilegiert- bzw. Mächtig-Seins in das Selbstkonzept (Boger/Simon 2017).

Menschen, die gesellschaftlich privilegiert positioniert sind, können eine solidarische Haltung entwickeln bzw. als Verbündete agieren. *Verbündet-Sein* beinhaltet, dass die Anliegen einer anderen Person oder Gruppe zu eigenen werden, ohne dabei auf gemeinsame Identitätsmerkmale als Verbindung zurückgreifen zu können. Im Gegenteil: Solidarität wird gerade über identitätspolitische Unterschiede hinweg praktiziert. Solidarität und Verbündet-Sein richtet sich stets gegen dominante Macht- und Herrschaftsverhältnisse, um Benachteiligung und Ausgrenzung entgegenzuwirken und Anerkennungs- und Verteilungsgerechtigkeit zu erlangen.

Daraus lassen sich zentrale Handlungsmöglichkeiten für eine diskriminierungskritische, machtkritische Haltung in der Beratung ableiten:

DISKRIMINIERUNGSKRITISCH HANDELN IN BERATUNGSKONTEXTEN

ZIEL

einen für alle beteiligten Personen möglichst *sicheren* und *inklusiven Raum* zu schaffen

MACHT TEILEN – RAUM GEBEN

- Diskriminierungserfahrungen, die Personen (mit-)teilen, Raum geben.
- Diese anerkennen – würdigen, dass diese geteilt werden.
- Erlebtes stehen lassen, ohne zu relativieren oder zu bagatellisieren.
- Die betreffende Person bestärken und unterstützen.

BENENNEN

- *Definitionsmacht* und *Nicht-Wissen* (ggf. eigene Unaufmerksamkeit)
- *Positioniertheiten*/gesellschaftliche Machtverhältnisse (Wer macht welche Erfahrungen? Wer macht diese nicht? Wer wird gehört? Wer nicht?)
- (eigenes) dominantes *Nicht-Wissen* wahrnehmen und benennen

VERMEIDEN

- Rechtfertigungshaltung
  - besser: Rechtfertigungsbedürfnisse wahrnehmen und mögliche eigene unterdrücken;
  - ggf. eigene Rechtfertigung zurücknehmen, sich entschuldigen
  - dies gegenüber Teilnehmenden benennen und einordnen

- *Wiederholung von Diskriminierungserfahrungen* (durch Bagatellisieren oder Nicht-ernst-Nehmen)
  - privilegierte Personen ggf. unterbrechen, privilegierten Abwehr gleichzeitig angemessen würdigen
- *Verantwortung* für das Benennen/Erklären von Diskriminierung an diskriminierungserfahrene Personen *delegieren* (Mehrfachbelastung)
  - stattdessen: als für den Raum verantwortliche Person die eigene Positionierung benennen und unterstützend (verbündet) agieren

VERANTWORTUNG ÜBERNEHMEN

- Personen, die mit Abwehr reagieren, ernst nehmen, Ängste, Schuld, Schamgefühle anerkennen (Empathie); *Vorbildwirkung*: Verstrickt-Sein in gesellschaftliche Machtverhältnisse (selbst-) kritisch benennen und *Gefühle anerkennen*
- Personen, die Diskriminierungserfahrung in der Gruppe teilen, bestärken und unterstützen; solidarisch handeln, *Verbündet-sein*

DISKRIMINIERUNGSSCHUTZ – RECHTLICHE GRUNDLAGEN

Neben den Handlungsansätzen einer diskriminierungskritischen beraterischen Haltung bestehen auch über den rechtlich verankerten Diskriminierungsschutz relevante Anknüpfungs- und Verweisungspunkte.

Die rechtlichen Grundlagen bieten eine deutliche Stärkung und Handlungsmöglichkeiten im Kontext von Diskriminierungserfahrung in Dominanzverhältnissen. Die Kenntnis und der Verweis auf die rechtlichen Grundlagen sind zudem in der Beratungsarbeit – die ja immer auch im Kontext von Organisationen stattfindet – eine wichtige Ressource:

- Zum einen wird deutlich, dass Diskriminierung als Unrecht definiert und gesetzlich geahndet werden kann.
- Zum anderen kann, je nach Fallkonstellation, angeregt werden, rechtliche Schritte in Erwägung zu ziehen und zumindest eine entsprechende Beratung in Anspruch zu nehmen.

In den verschiedenen Gesetzgebungen (national sowie auch auf Bundes- und Landesebene unterschiedlich) kann Diskriminierung anhand der gesetzlich definierten Diskriminierungskategorien rechtlich geltend gemacht werden. Hier wird deutlich, dass sich auch im rechtlichen Kontext das Verständnis von Diskriminierung und der Wirkung gesellschaftlicher Dominanz- und Machtverhältnisse weiterentwickelt. Die Diskriminierungskategorien werden, befördert durch kritische Forderungen z. B. von Menschenrechtsorganisationen oder NGOs, immer wieder neu differenziert und angepasst – im besten Falle in Kooperation mit sozialen kritischen Bewegungen und Selbstorganisationen.

DISKRIMINIERUNGSKATEGORIEN IN AKTUELLEN GESETZGEBUNGEN

Derzeit sind in den Bundesgesetzen in Deutschland (AGG) und Österreich (GIBG) folgende Diskriminierungskategorien definiert:

- Geschlecht
- ethnische Herkunft*
- Sexuelle Identität
- Religion und Weltanschauung
- Behinderung
- Alter

Weiterentwicklungen/Erweiterungen:

- »Geschlecht« – in D um *»geschlechtliche Identität«* erweitert (Pluralität der Geschlechter)
- »Ethnische Herkunft« – im Berliner LADG um *»rassistische und antisemitische Diskriminierung«* erweitert

- »Behinderung« – in D um »*chronische Krankheit*« erweitert
- »*Sprache*« – im Berliner LADG als weitere Diskriminierungskategorien mit aufgenommen
- »*Soziale Herkunft*« – zwar in der Grundrechte-Charta der *EU* benannt, *nicht* aber in *nationalen* Gesetzen (D, A, CH)
- *Ausnahme*: Berliner LADG – hier ist der »*Soziale Status*« seit 2020 verankert.

* Die Bezeichnung »ethnische Herkunft« sollte den aus der Kolonial- und NS-Geschichte tradierten rassistischen Begriff ›Rasse‹ ersetzen, wird aber aufgrund ihrer kulturalistischen Fortsetzung rassistischer Konnotationen ebenso problematisiert. Die Bezeichnung der Diskriminierung selbst (*Rassistische Diskriminierung*) hingegen benennt, worum es geht (vgl. → Kapitel »Dominanz- und Machtverhältnisse«, *Rassisierung*; sowie in diesem Kapitel s. u.: *Postkategoriale Ansätze*).

RECHTLICHE DEFINITION VON DISKRIMINIERUNG

»Eine Diskriminierung im rechtlichen Sinne ist eine Ungleichbehandlung einer Person aufgrund einer (oder mehrerer) rechtlich geschützter Diskriminierungskategorien ohne einen sachlichen Grund, der die Ungleichbehandlung rechtfertigt.

- Die Benachteiligung kann ausgedrückt sein z. B.:
- durch das Verhalten einer Person
- durch eine Vorschrift oder
- eine Maßnahme«

(Antidiskriminierungsstelle des Bundes 2018, S. 33)

Die Geltungsbereiche der Gleichbehandlungsgesetze erstrecken sich auf folgende Bereiche:

»Der Schutz des AGG erstreckt sich im Bereich *Beschäftigung und Beruf* auf die selbstständige und unselbstständige Erwerbstätigkeit.

Außerhalb des Bereichs Beschäftigung und Beruf findet das AGG Anwendung auf *Alltagsgeschäfte* wie Einkäufe, Gaststätten- oder Diskothekenbesuche, Wohnungssuche sowie Versicherungs- und Bankgeschäfte.« (AGG 2006; vgl. GlBG 2004)

FORMEN DER DISKRIMINIERUNG

In den Antidiskriminierungsgesetzgebungen werden folgende Formen der Diskriminierung, bzw. der Benachteiligung geschützt:

Unmittelbare (direkte oder offene) Diskriminierung

- wenn eine explizite Ungleichbehandlung gegenüber anderen Personen in einer vergleichbaren Situation vorliegt. Zum Beispiel, wenn eine Person aufgrund ihrer zugeschriebenen ›ethnischen Herkunft‹, zugeschriebenem ›Migrationshintergrund‹ oder Religionszugehörigkeit nicht zum Bewerbungsgespräch oder nicht zu einer Wohnungsbesichtigung eingeladen wird.

Mittelbare (indirekte) Diskriminierung

- wenn dem Anschein nach neutrale Regelungen sich so auswirken, dass Personen aufgrund der ihnen zugeschriebenen ›Gruppen‹-Zugehörigkeit benachteiligt werden; z. B. Frauen, wenn Teilzeitarbeitenden der Zugang zu Fortbildungen und damit Beförderungen erschwert wird – und die Teilzeitarbeitenden mehrheitlich Frauen sind.

Belästigung

- »Eine Belästigung ist eine Benachteiligung, wenn unerwünschte Verhaltensweisen [...] bezwecken oder bewirken, dass die Würde der betreffenden Person verletzt und ein von Einschüchterungen, Anfeindungen, Erniedrigungen, Entwürdigungen oder Beleidigungen gekennzeichnetes Umfeld geschaffen wird.« (§ 3 Absatz 3 des AGG 2006)

Sexuelle Belästigung

- ist jedes unerwünschte, sexuell bestimmte Verhalten, das eine Verletzung der Würde bezweckt oder bewirkt. Dazu zählen »auch unerwünschte sexuelle Handlungen und Aufforderungen zu diesen, sexuell bestimmte körperliche Berührungen, Bemerkungen sexuellen Inhalts sowie unerwünschtes Zeigen und sichtbares Anbringen von pornographischen Darstellungen« (§ 3 Absatz 4 des AGG 2006).
  Bei sexuellen Belästigungen handelt es sich um einen Straftatbestand.

Mobbing

- wenn die betroffene Person über einen längeren Zeitraum systematisch Anfeindungen, Schikane oder Diskriminierung ausgesetzt ist – und sich in einer unterlegenen Position befindet (Täter-Opfer-Verhältnis).

POSITIVE MASSNAHMEN – NACHTEILSAUSGLEICH

In Gleichbehandlungsgesetzen wie dem AGG werden – in Umsetzung der Antidiskriminierungsrichtlinien der EU – nicht nur Diskriminierungsverbote bzw. Gebote zur Gleichbehandlung formuliert, sondern auch sogenannte *positive Maßnahmen*, um bestehende *Benachteiligungen abzubauen* und *präventiv Benachteiligungen zu vermeiden* (§ 5 des AGG 2006).

Da Diskriminierungsverbote allein nicht ausreichen, um gesellschaftlich tief verankerte Macht- und Diskriminierungsstrukturen zu überwinden, *sind aktive Maßnahmen* zur Förderung von *Chancengleichheit* erforderlich.

In diesem Sinn erklärt Paragraph 5 des AGG etwa eine Ungleichbehandlung dann für zulässig, wenn dadurch bestehende Nachteile tatsächlicher oder struktureller Art für Personen, die benachteiligten ›Gruppen‹ zugeordnet werden bzw. die anhand der in § 1 AGG genannten Diskriminierungsdimensionen (»Geschlecht, ethnische

Herkunft, Religion, Weltanschauung, Alter, Behinderung, sexuelle Identität«, vgl. oben *Diskriminierungskategorien in aktuellen Gesetzgebungen*) benachteiligt sind, verhindert oder ausgeglichen werden sollen. Positive Maßnahmen müssen demgemäß an eine der gesetzlich definierten *Diskriminierungsdimensionen* anknüpfen.

Es handelt sich also hierbei um Maßnahmen zum *Nachteilsausgleich* und zur Förderung von *Chancengleichheit*, *nicht* um Diskriminierung (vgl. → Kapitel »Diversity – ein Konzept für die Beratungspraxis«).

Auch wenn es keine explizite Verpflichtung dazu gibt, so sind positive Maßnahmen doch an die Antidiskriminierungspflichten von Arbeitgeber*innen, Behörden und anderen Vertragsparteien gekoppelt. Zudem ergibt sich durch Menschrechtsverträge eine Verpflichtung zur Herstellung von Chancengleichheit. Eine Überprüfung der Maßnahmen kann durch nationale bzw. europäische Gerichte erfolgen.

Was genau *positive Maßnahmen* sind, ist nicht gesetzlich durch Normen verbindlich definiert. Bislang gelten etwa folgende Maßnahmen als positive Maßnahmen:

- Quotenregelungen z. B. für die Besetzung von Leitungs-, Entscheidungs-, Gremienpositionen
- Bewerbungsverfahren: bei gleicher Qualifikation ›bevorzugte‹/nachteilsausgleichende Einstellung strukturell benachteiligter Personen
- gezielte Suche, Adressierung (Information, Ausschreibungen) und Förderung strukturell benachteiligter Personen
- Vergabe von Ausbildungsplätzen: ›bevorzugte‹/nachteilsausgleichende Vergabe an strukturell benachteiligte Personen
- Zugangsvoraussetzungen zu Bildung: Anerkennung diverser Abschlüsse, Qualifikationen
- Betriebsvereinbarungen zum Abbau von Benachteiligungen und zur Förderung von Chancengerechtigkeit

- Zielvereinbarungen zur Förderung von Chancengerechtigkeit
- Schulungsmaßnahmen zur Förderung von Diversity-Kompetenz und zur Sicherstellung von Diskriminierungsschutz

Positive Maßnahmen sind als Handlungsoption gesetzlich verankert, spielen im aktuellen Arbeitsleben, z. B. »in der Praxis deutscher Unternehmen [...] über bloße Familienfreundlichkeit hinaus jedoch gegenwärtig noch keine große Rolle« (Baer 2010, S. 11–20).

POSTKATEGORIALE ANSÄTZE

Ein weiteres Problem ergibt sich daraus, dass positive Maßnahmen an die gesetzlich definierten Diskriminierungsdimensionen (»Geschlecht, ethnische Herkunft, Religion, Weltanschauung, Alter, Behinderung, sexuelle Identität«) bzw. an die damit verbundene Vorstellung klar definierbarer ›Gruppen‹ geknüpft sind (s. o. *Diskriminierungskategorien in aktuellen Gesetzgebungen*).

»*Der Bezug auf Gruppen und Gruppenrechte ist keine Lösung, sondern ein zentrales Problem von Recht gegen Diskriminierung. [...] Das Problem des Gruppismus verschwindet nun nicht, wenn es gut gemeint ist, Vielmehr ist Gruppismus auch problematisch, wenn eine Gruppe in guter Absicht konstruiert und gefördert wird. Wer Fördermaßnahmen als Gruppenrechte konstruiert, beteiligt sich daran, Identitäten aufzuzwingen.*« (Baer 2010), ebenda)

Der Rückgriff auf diese Kategorisierungen schreibt diese – mit dem Anspruch, darauf basierende Diskriminierungen zu beseitigen – erneut fest (vgl. → Kapitel »Diversity – ein Konzept für die Beratungspraxis«, *Differenz-Dilemma*).

Vertreter*innen eines postkategorialen Antidiskriminierungsrechts plädieren daher für eine Kritik kategorialer Zuordnungen und für eine Fokussierung »rechtlicher Beurteilung stärker auf Prozesse der Zuschreibung und Benachteiligung im Kontext von Macht- und Herrschaftsverhältnissen«. (Lembke/Liebscher 2014, S. 261–290)

Diversity_ – machtkritische professionelle Prozessbegleitung

In arbeitsweltbezogenen Beratungsformen wie Supervision, Coaching, oder Organisationsberatung und in Formaten wie Teamentwicklung, Workshops oder auch Leitungscoaching werden immer wieder Reproduktionen gesellschaftlicher Dominanzverhältnisse präsent und auf diese Weise auch Thema sein – unabhängig davon, ob sich Menschen dessen bewusst sind oder nicht. Denn auch Beratung findet nicht ›außerhalb‹ gesellschaftlicher Machtverhältnisse statt. Eine Bearbeitung diskriminierungsrelevanter Themen und Situationen ist – im Hinblick auf Pluralität und Inklusion – somit auch unumgänglicher und grundsätzlicher Bestandteil jeder Beratungspraxis.

Diskriminierungsrelevante Situationen in Beratungssettings, z. B. diskriminierender Sprachgebrauch, in Formulierungen, aber auch in Beschreibungen, Metaphern, Bildern und Hypothesen, werden von den beteiligten Personen (inklusive der beratenden Person) unterschiedlich wahrgenommen; gesellschaftliche Differenzordnungen und Normen werden unterschiedlich erlebt, (nicht-)wahrgenommen und reproduziert, und auch unterschiedlich thematisiert, oder nicht-thematisiert, in Frage gestellt und kritisiert.

Die Möglichkeiten, die Menschen dafür jeweils unterschiedlich verfügbar sind, sind u. a. vor allem von zwei Faktoren geprägt:

- zum einen von ihrer gesellschaftlichen *Positioniertheit* im Kontext von Machtverhältnissen und
- zum anderen von dem je individuell unterschiedlichen Punkten im *Prozess der Auseinandersetzung* mit gesellschaftlichen Macht- und Diskriminierungsstrukturen.

Entsprechend reagieren Menschen daher unterschiedlich – abwehrend, mit Widerstand, oder auch offen, selbstreflexiv und verantwortungsvoll.

Für die Bearbeitung diskriminierungsrelevanter Situationen und Themen ist daher eine machtkritische und intersektionale *Einschätzung* und *Einordnung* der im Beratungsraum präsenten Handlungs- und Verhaltensweisen, Gefühle und Dynamiken der Interaktion von entscheidender Bedeutung. Ziel ist dabei Diskriminierungsschutz für alle beteiligten Personen nach Möglichkeit umzusetzen.

Eine intersektionale machtkritische Haltung und Einschätzung bezieht sich darauf, Personen als komplex, mehrdimensional und vielschichtig in Machtverhältnisse verwoben wahrzunehmen, als in unterschiedlichen Situationen unterschiedlich zugehörig, und auch handlungsmächtig (vgl. →Kapitel »Dominanz- und Machtverhältnisse«, *Intersektionale Machtverhältnisse*). Gleichzeitig ist »*die Verteilung von Privilegien trotzdem nicht zufällig […]. Machtverhältnisse regeln den ungleichen Zugang zu Rechten und Ressourcen und produzieren soziale Positionen mit spezifischen Verletzlichkeiten*« (Goel 2020, S. 151)

- Die Herausforderung besteht darin, Situationen und – damit verbunden – Bedürfnisse einzelner Personen im Prozess intersektional und machtkritisch wahrzunehmen. Das bedeutet, nicht einer Entweder/oder-Logik zu folgen und gleichzeitig konsequent positioniert zu handeln (vgl. → Kapitel »Diskriminierung und Diskriminierungskritik«).

Eine intersektionale und machtkritische Haltung bezieht sich auf die Gestaltung eines für alle nach Möglichkeit gleichberechtigten Lernprozesses, ganz besonders im Hinblick darauf, dass strukturell privilegiert positionierte Menschen situativ in der Konfrontation mit Diskriminierung in der Regel mit Abwehr reagieren (vgl. → Kapitel »Diversity – ein Konzept für die Beratungspraxis« und → Kapitel »Diskriminierung und Diskriminierungskritik«, *Privilegierte Ab-*

wehr), die in Bearbeitungsprozessen dominierend werden kann. Die Wahrscheinlichkeit, dass sich dabei für diskriminierungserfahrene Menschen erzwungene Erklärungs- und Rechtfertigungssituationen wiederholen (sekundäre Diskriminierung), ist hoch, da »*häufig ein Ungleichgewicht im Wissens- und Erfahrungshaushalt bezogen auf Themen wie Macht, Diskriminierung, Rassismus oder Empowerment besteht.*« (Nguyen 2019, S. 57)

- Die Herausforderung besteht darin, privilegierte Abwehr zu bearbeiten, ohne dass diese Situationen den Prozess dominieren und/oder sekundäre Diskriminierung bedingen.

Um inklusive und gleichberechtigte Reflexionsräume für alle beteiligten Personen zu ermöglichen, sind gemeinsame, macht- und diskriminierungskritisch moderierte Lernprozesse notwendig. In diesem Zusammenhang schreiben wir Diversity_ mit Unterstrich, um auf den damit verbundenen, grundsätzlich unabschließbaren, Prozess des (gemeinsamen) selbst- und machtkritischen Lernens zu verweisen. Diversity_ als Prozess ist dabei bezogen auf menschenrechtsbasierte Verständnisse und Entwicklungen des Konzepts. Damit geht es um eine notwendige und kontinuierliche Reflexion von Ein- und Ausschlüssen, von Teilhabemöglichkeiten und Möglichkeiten der Zugehörigkeit. Der Unterstich (*Gap*) steht also für die Unabschließbarkeit machtkritischer Prozesse und auch auf die damit verbundenen, unabschließbaren Lernprozesse, kontinuierliche Auseinandersetzung, Offenheit für Kritik und Dekonstruktion. Diese Prozesse benötigen – auch in der Beratungspraxis – eine macht- und diskriminierungskritische Moderation.

INTERSEKTIONALE UND MACHTKRITISCHE ORIENTIERUNG IN DER PROZESSBEGLEITUNG

Eine intersektionale und machtkritische Bearbeitung diskriminierungsrelevanter Themen findet in der Regel in intersektionalen Beratungssettings, mit unterschiedlich intersektional positionierten Personen – in ihren je spezifischen Auseinandersetzungsprozessen mit Machtverhältnissen statt. Für eine nach Möglichkeit inklusive Gestaltung von Beratungsprozessen ist eine Orientierung daran, wie Menschen aufgrund unterschiedlicher gesellschaftlicher Positioniertheiten auch unterschiedliche Prozesse der Auseinandersetzung mit Machtverhältnissen bewältigen (müssen) zentral. Entsprechend ist auch eine Begleitung und sind auch Interventionen im Prozess unterschiedlich auszurichten.

In ihrem Seminarkonzept »zusammen getrennt gemeinsam« zum Thema Rassismus(-kritik) erläutern Mai-Anh Boger und Nina Simon dies differenziert anhand ihrer Arbeitspraxis. Sie beziehen sich auf *Prozessmodelle*, die die jeweils unterschiedlichen Prozesse der »Bewusstwerdung« (Boger/Simon 2016, S. 165f.) für privilegiert positionierte und für marginalisiert positionierte Menschen beschreiben. In Bezug auf das Seminarkonzept geht es dabei spezifisch um Prozessmodelle bezogen auf Rassismus, einerseits für die privilegierte, *weiße* Positioniertheit, andererseits für die marginalisierte Positioniertheit: *of Color* (unter Bezugnahme auf Janet E. Helms und Robert T. Carter 1990, S. 67–80) – verbunden mit der aktiven (selbst-)kritischen Auseinandersetzung mit Machtstrukturen und der eigenen Verwobenheit darin.

Die Prozesse werden dabei durch jeweils unterschiedliche Fluchtpunkte/Ziele definiert:

- Für privilegiert positionierte Menschen, geht es um das *Anerkennen* der eigenen *privilegierten Positioniertheit*, um Verantwortungsübernahme und Positionierung in Bezug auf Dominanz-/Diskriminierungsstrukturen (wie z. B. Rassismus).

- Für marginalisiert positionierte Menschen geht es hingegen darum, Normierungen und Anpassung an diese, verinnerlichte Dominanz-/Diskriminierungsstrukturen (wie z. B. Rassismus – bzw. Sexismus, Klassismus, Ableismus, Heteronormativität) zu erkennen und im Sinn von Selbstermächtigung (*Empowerment*) »Selbstsicherheit in Bezug auf die eigene Positioniertheit« zu gewinnen. Das bedeutet auch, solidarisch mit anderen Menschen sein zu können, die diese Erfahrungen teilen (Boger/Simon 2016, S. 165–166, vgl. → Kapitel »Diskriminierung und Diskriminierungskritik«).

Das Sprechen und Reflektieren über Macht- und Diskriminierungsstrukturen (wie z. B. sexistische, klassistische, oder ableistische Strukturen), das Ansprechen der Verwendung diskriminierender Sprache wird also immer Menschen erreichen, die sich an unterschiedlichen Stellen, in unterschiedlichen Phasen dieser Auseinandersetzungsprozesse befinden; möglicherweise werden diese Prozesse durch eine Konfrontation in der jeweiligen Situation überhaupt erst angestoßen.

Gleichzeitig handelt es sich bei diesen Prozessen *nie um rein kognitive* Prozesse, diese berühren immer auch »sehr intime Prozesse der Dis-Identifikation« (Boger/Simon 2016, S. 165f.), die stets mit (durchaus auch intensiven) *Gefühlen* verbunden sind. Auseinandersetzungen mit Machtverhältnissen und Diskriminierung berühren fundamental immer auch das Selbstverständnis von Menschen, deren Wirklichkeitskonstruktion und damit grundlegende Orientierungssysteme als Identitäts- bzw. Bewusstwerdungsprozesse.

Die Prozesse selbst werden jeweils anhand verschiedener Phasen – bezogen auf die genannten zwei zentralen Ziele – das Anerkennen *privilegierter* Positioniertheit einerseits und Empowerment *marginalisierter* bzw. ausgrenzungserfahrener Positionen andererseits beschrieben (Boger/Simon 2016, S. 165–166).

Auch wenn sie somit nicht die tatsächliche intersektionale Komplexität mehrdimensionaler Positioniertheiten erfassen, bieten sie eine wichtige Orientierung für eine machtkritische Prozessbegleitung – sowie für die Auseinandersetzung mit Möglichkeiten und Grenzen der Reflexion von Diskriminierung(serfahrungen) in »gemischten« Räumen.

Die im folgenden dargestellten Phasen sind nicht als klar abgrenzbare »diagnostische Stufen« (Boger/Simon 2016, S. 165) zu verstehen. Vielmehr stellen sie eine Schematisierung von Erfahrungswissen dar. Zudem verlaufen die hier beschriebenen Phasen nicht immer linear, sondern auch regressiv und gleichzeitig.

PROZESSMODELL – PRIVILEGIERTE POSITIONIERTHEIT (Bsp. *weiß*Sein im Machtverhältnis Rassismus):

- Privilegiert positionierte Menschen sind sich ihrer Privilegien in der Regel nicht bewusst, erst durch Irritation, durch entsprechende Erlebnisse werden sie mit ihrem *weiß*Sein konfrontiert (Phase der *Vorbewusstheit*). Es folgen Phasen der *Leugnung* (eigener rassistischer Verhaltensweisen) auch »defensive Überidentifizierung« mit »den Anderen« und auch Abgrenzung gegenüber anderen *weißen* Menschen, die sich rassistisch verhalten – gefolgt von weiteren Phasen der *Verdrängung* bis hin zu »*Autonomie*«, verbunden mit der Integration von *weiß*Sein in das eigene Selbstkonzept

PROZESSMODELL – MARGINALISIERTE POSITIONIERTHEIT (Bsp. *BIPoC* im Machtverhältnis Rassismus):

- Marginalisiert positionierte Menschen befinden sich häufig zunächst in einer Orientierung an dominanten, privilegierten Normierungen (*internalisierte Machtverhältnisse*). Mit der Wahrnehmung diskriminierender Strukturen (*Konfrontation*) verändert sich die eigene Identitätsorientierung (eigene Identitätsposition, z. B. Schwarz-Sein) in Verbindung mit einer *Auseinandersetzung* mit der Geschichte dieser Machtverhältnisse und der (z. B. Schwarzen) Widerstandsformen gegen diese. Im Prozess finden,

> je nach vorhandener bzw. fehlender Unterstützungserfahrungen durch das Umfeld, auch Desillusion und Rückzug statt (bzw. Rückbezug auf eine Orientierung an dominanten Normierungen) – oder aber eine *Neu-Orientierung* und damit *Selbstermächtigung*, *Solidarisierung* Selbstbestimmung (Boger/Simon 2016, S. 165–166).

Menschen in Beratungsprozessen – z. B. Coachees und Supervisand*innen, aber auch beratende Personen – befinden sich in Bezug auf diese Phasen ggf. an sehr unterschiedlichen Punkten in ihren individuellen Auseinandersetzungsprozessen und werden durch Themen in der Beratung in diesen Phasen unterschiedlich angesprochen und auch emotional erreicht.

In der Bearbeitung der Themen, bei denen diese Identitäts- und Bewusstseinsprozesse berührt werden, ist eine beraterische Begleitung erforderlich, die diese in den unterschiedlichen Phasen berücksichtigt und wahrnimmt – diese können nicht kognitiv erfasst und/ oder »übersprungen« werden. Eine »symmetrische Kommunikation« (Boger/Simon 2016, S. 168) in Bezug auf Machtverhältnisse und Diskriminierung ist – bezogen auf das jeweilige Machtverhältnis – erst nach einer selbstreflexiven Auseinandersetzung und »Bewusstwerdung« (Boger/Simon 2016, S. 168) und mit einem grundlegenden Perspektivwechsel tatsächlich möglich.

MACHTDYNAMIKEN IM PROZESS – ABWEHR UND DISKRIMINIERUNGSSCHUTZ

In Beratungsprozessen handeln und reagieren die beteiligten Personen in der Auseinandersetzung mit diskriminierungsrelevanten Themen, ausgehend von ihren jeweils individuellen Bewusstwerdungs- und Auseinandersetzungsprozessen in Bezug auf gesellschaftliche Machtverhältnisse, unterschiedlich. Dementsprechend sind auch unterschiedliche internalisierte Dominanz- und Machtverhältnisse unterschiedlich bewusst bzw. unbewusst und bedingen entsprechende Reaktionen.

Auch marginalisiert positionierte Menschen können – da auch sie, so wie alle Menschen, Macht- und Dominanzverhältnisse internalisieren – diese reproduzieren, bzw. stützen. Auch aus einer marginalisierten Positioniertheit kann eine Abwehrreaktion gegen das WahrNehmen von Diskriminierungsverhältnissen erfolgen, kann es sein, dass Ungleichbehandlung relativiert wird und gegenüber geteilten Diskriminierungserfahrungen eine Distanzierung erfolgt. Abwehrstrategien sind in diesem Zusammenhang jedoch verknüpft mit gewählten bzw. notwendigen Strategien im Umgang mit und zur Bewältigung von fundamentalen Marginalisierungs- bzw. Ausgrenzungserfahrungen (VerAnderung) (zu Strategien der Anpassung, der Verleugnung oder auch des Rückzugs vgl. → Kapitel »Diversity – ein Konzept für die Beratungspraxis« und → Kapitel »Diskriminierung und Diskriminierungskritik«).

Die Motive für bzw. die Funktion von Verleugnung und Abwehr sind also im Fall marginalisierter Positioniertheit fundamental andere als im Fall privilegierter Positioniertheit. Mit Blick auf die oben genannten Prozessmodelle ist für prozessbegleitende Interventionen daher eine Orientierung hin auf das Ermöglichen und Unterstützen von Selbstermächtigung (*Empowerment*) handlungsleitend.

Privilegierte Abwehr hingegen, als Abwehrreaktion privilegiert positionierter Personen, entstehen zwar ebenfalls durch die Internalisierung gesellschaftlicher Machtverhältnisse, jedoch in Zusammenhang mit als selbstverständlich erlebten Zugangschancen und Privilegien. Daher erfolgen Äußerungen solcher Abwehr auch häufig dominant bzw. dominierend. In deren Bearbeitung geht es zentral um die Integration des privilegiert-Seins in das eigene Selbstverständnis mit dem Ziel der Verantwortungsübernahme – in der Bearbeitung in Gruppen oder Teams gleichzeitig immer um einen Fokus auf Diskriminierungsschutz.

MACHTKRITISCHER UMGANG MIT PRIVILEGIERTER ABWEHR

Ähnlich den oben genannten Prozessmodellen beschreibt auch Grada Kilomba (in Anlehnung an Paul Gilroy) mehrere Stufen im Prozess der Auseinandersetzung *weißer* Menschen mit Rassismus, bis Machtverhältnisse und die eigenen Verstrickungen in diese anerkannt werden können und schließlich ein Übernehmen von Verantwortung möglich wird: Leugnen (*Denial*), Schuld (*Guilt*), Scham (*Shame*), Anerkennen (*Recognition*) und Wiedergutmachen/Entschädigung (*Reparation*) (Kilomba 2008, S. 22f.).

Verleugnung, Schuld und *Scham* sind dabei verschiedene Stadien, bzw. Phasen von Abwehrreaktionen in der Konfrontation damit, dass Rassismus – oder auch weitere Machtverhältnisse, wie Sexismus, Klassismus, Queerfeindlichkeit oder Ableismus – existieren und die eigene Position, das eigene Selbst- und Weltverständnis nicht als davon losgelöst betrachtet werden kann.

Als Reaktion auf eine Konfrontation mit Diskriminierung wehren privilegiert positionierte Menschen häufig ab, relativieren, nivellieren, oder individualisieren – u.a. durch das Zuschreiben bzw. Unterstellen von Überempfindlichkeit, *Blaming the Victim*, oder durch Aussagen wie »es nicht so gemeint« zu haben, oder selbst »keine Unterschiede zwischen Menschen zu machen« (Differenz/Ungleichheitsstrukturen also nicht anzuerkennen) und deshalb auch gar nicht diskriminierend handeln zu können. Auch Reaktionen wie das Gefühl des Angegriffenseins, also die eigene Verletzung – oft durchaus vehement und aufgebacht – in den Vordergrund zu stellen (z. B. »*white tears*«; vgl. Kilomba; DiAngelo), verschieben den Fokus und lenken damit von der Auseinandersetzung mit Diskriminierung ab.

WHITE FRAGILITY

Robin DiAngelo benennt die Reaktion der Abwehr und Aggression *weißer* Menschen in der Konfrontation mit Rassismus und der eigenen privilegierten (*weißen*) Position als »*White Fragility*« (*weiße* Empfindlichkeit, DiAngelo 2018).

White Fragility ist in ihrer Wirkung auch als eine machtvolle Strategie zu verstehen, die diejenigen zum Schweigen bringt, die (rassistische) Diskriminierung thematisieren. Sie ist somit auch ein »machtvolles Mittel *weißer* Kontrolle und Verteidigung *weißer* Privilegien.« (DiAngelo 2018, S. 2)

Scham entsteht häufig in Zusammenhang mit der Erkenntnis der *strukturellen, gesellschaftlichen* Verfasstheit von Diskriminierung (und Privilegierung) und mit der damit verbundenen Erschütterung der verbreiteten Annahme, Diskriminierung (z.B. Rassismus) sei ein individuelles Problem und könne nur von ›schlechten‹ Menschen ausgehen. Auch das eigene Selbstbild, ein tendenziell ›guter‹ Menschen zu sein, wird dadurch grundlegend erschüttert, wenn das eigene Verstrickt-sein in Diskriminierungsstrukturen und die eigene Privilegierung durch diese erkannt werden (DiAngelo 2018, S. 71f.).

Das Stadium der Scham kann gerade aus diesem Grund ein entscheidender Punkt der Entwicklung hin zur Anerkennung von Machtverhältnissen und der eigenen Positioniertheit sein, denn, so Grada Kilomba: »*die Fähigkeit, sich zu schämen, ist eng an die Fähigkeit der Selbstreflexion gebunden.*«(Kilomba 2020, S. 36f.)

Gerade privilegierte Abwehr tritt in Prozessen als »Störung« auf, die es als solche – soweit erforderlich und im Rahmen einer gleichberechtigten Teilhabe aller – zu bearbeiten gilt. Ziel bleibt dabei, für alle Personen einen gleichberechtigten und diskriminierungskritischen Reflexions-Raum zu ermöglichen. »*Wichtig ist dabei, dass die Reproduktion der Machtungleichheit als problematisch anerkannt wird und gleichzeitig denen, die das nicht verstehen, Wissen über solche Prozesse vermittelt wird.*« (Goel 2020, S. 154) Wichtig ist zudem, dass, über die kognitive Vermittlung hinaus, nach Möglichkeit auch Emotionen eingeordnet und begleitet werden, Schuldzuweisungen vermieden und zugleich für Klarheit und Transparenz in Bezug auf Diskriminierungsschutz gesorgt wird, die ausgrenzungserfahrenen Personen ermöglicht, weiter teilnehmen zu können (Goel 2020, S. 156, 158).

PRIVILEGIERTE ABWEHR – MACHTKRITISCHE INTERVENTIONEN

- *Wissensvermittlung*: dazu, dass Differenzordnungen und Diskriminierungsstrukturen (z. B. Sexismus, Rassismus, Klassismus, Heteronormativität, Ableismus) marginalisierend und privilegierend wirken, indem sie als verinnerlichtes Wissen von allen Menschen reproduziert werden.
- *Dekonstruktion*: Es geht nicht um ›gut/schlecht‹-Klassifizierungen in der Auseinandersetzung mit gesellschaftlichen Machtverhältnissen – und damit *nicht* um *Schuld*, sondern um das Übernehmen von *Verantwortung* und darum, dazu eine bewusste Entscheidung zu treffen (als Konsequenz diskriminierungskritischer Erkenntnisse). »*Die Frage ist nicht, wer ist gut oder schlecht, die Frage ist: was tun mit dem, was wir wissen?*« (Okun, zit. in Hornstein 2016, S. 21)
- Anerkennen von Emotionen: »Wann immer Gefühle ungeklärt und uneingestanden bleiben, bestimmen sie das Ergebnis einer Interaktion, egal, worauf sich intellektuell geeinigt wurde.« (Okun, zit. In Hornstein 2016, S. 21)
- Daher ist es wichtig, den Beteiligten »*die Möglichkeit zu geben, ihren eigenen Widerstand, ihre Abwehrhaltung, ihre Angst zu fühlen*« (Okun, zit. in Hornstein 2016, S. 21), um eine Auseinandersetzung mit Diskriminierung und ihren Auswirkungen zuzulassen.

- *Prozessbegleitung*: Intensive Gefühle als Lernanlass benennen und als Hinweis darauf, dass »etwas wichtiges berührt« wird und als Möglichkeit für Erkenntnisse verstanden werden kann (Okun, zit. In Hornstein 2016, S. 21).
- *Selbstreflexion*: eigenes Nicht-Wissen in Betracht zu ziehen; nicht davon auszugehen, Abwehrreaktionen Beteiligter zutreffend deuten zu können; eigene Abwehr im Blick zu behalten.

DISKRIMINIERUNGSSCHUTZ UND DISKRIMINIERUNGSKRITIK IM PROZESS

Privilegierte Abwehr reproduziert dominante Strategien, die – auch in der Beratungssituation – *sekundäre Diskriminierung* produzieren können. Damit sich Machtdynamiken nicht wiederholen und der Lernprozess privilegiert positionierter Menschen nicht auf Kosten marginalisiert positionierter Menschen stattfindet, oder Beratungssituationen von privilegiert Positionierten für sich vereinnahmt werden, ist eine klare Positionierung in Bezug auf Diskriminierungskritik und -schutz, Transparenz und – je nach Intensität der Abwehr – auch das Setzen von Grenzen notwendig.

Kritik an reproduzierten Dominanz- und Machtverhältnissen, diskriminierenden Äußerungen oder Handlungen kann für diskriminierungserfahrene Personen ebenfalls mit Emotionen, mit Ärger, Wut oder auch Resignation verbunden sein. Situationen der sekundären Diskriminierung werden damit aufgerufen – und so sind sie unweigerlich Teil der in der Beratung entstehenden Situation. Sie unterscheiden sich fundamental von emotionalen, wütenden Reaktionen privilegiert positionierter Personen – und sind daher konsequent diskriminierungskritisch zu begleiten.

DISKRIMINIERUNGSKRITISCH UNTERSTÜTZENDE INTERVENTION

- Emotionen wahrnehmen und in ihrer Berechtigung und in ihrer Funktion würdigen – kein Einfordern eines ›angemessenen Tons‹ (tone policing) – Gefühle wie z B. Ärger und Wut sind für die Bearbeitung diskriminierender Handlungen wichtig und notwendig.
- »Wichtig ist, dass sich die Wut bzw. der Ärger auf die Äußerungen oder Handlung und nicht auf die Person bezieht.« (Goel 2020, S. 161)
- Sowohl Schuldzuweisung als auch Viktimisierung vermeiden: Fokus daher nicht auf (privilegiert oder marginalisiert positionierte) Individuen, sondern auf Dominanz- und Diskriminierungs-*Strukturen*

Machtdynamiken können sich in Prozessen vor allem dann wiederholen, wenn Personen, die Kritik äußern, nicht ausreichend geschützt sind. Das Thematisieren von Diskriminierung ist für diejenigen, die sie ansprechen, grundsätzlich »nicht ohne Risiko.« (Eggers 2016, S. 11, in Bezug auf Ahmed 2012) Personen, die Diskriminierung und Wirkungen gesellschaftlicher Machtverhältnisse (in Organisationen oder in Teams) immer wieder kritisieren und aktiv ansprechen, werden in der Folge oft auf diese Rolle festgelegt und laufen Gefahr, »*schließlich zur Alleinzuständigen, zur ›Beauftragten‹ für das jeweilige Diskriminierungsverhältnis erklärt und darauf gewissermaßen reduziert zu werden.*« (Eggers 2016, S. 12)

Auf Diskriminierung hinzuweisen und Diskriminierungsschutz einzufordern, bedeutet (vor allem für ausgrenzungserfahrene Personen) zudem, immer wieder (privilegierte) dominanzkulturelle Abwehrreaktionen auf sich zu ziehen und sich sekundär diskriminierenden Situationen auszusetzen.

DISKRIMINIERUNGSKRITISCHE UNTERSTÜTZENDE HALTUNG

- *Prozessverantwortung* als beratende Person: Diskriminierung wahrnehmen und thematisieren; bzw. auch wenn diese von Beteiligten thematisiert wird, machtkritisch die Verantwortung für den Prozess wahrnehmen/übernehmen.
- *Reflexions- und Lernprozesse unterstützen*: Machtverhältnisse und ihre Wirkungsweisen unterstützend erklären (Möglichkeit geben, zu verstehen), jedoch Personen, die strukturelle Ausgrenzungen erfahren, *selbstbestimmt beteiligen*, ohne dass »sie in die Rolle der Erklärenden gedrängt werden.« (Goel 2020, S. 161)
- Das Thematisieren von Diskriminierung und das Hinweisen auf deren Reproduktionen darf nicht alleinige Aufgabe und Verantwortung der beteiligten diskriminierungserfahrenen Personen sein.
- *Klare und transparente Positionierung* in Bezug auf Machtstrukturen, *Menschenrechte* und Diskriminierungsschutz – klares Signal, dass Reproduktionen von Diskriminierung bearbeitet werden und dass ggf. Grenzen gezogen werden, um sekundäre Diskriminierung zu vermeiden und einen gleichberechtigten diskriminierungskritischen Reflexionsraum weiterhin zu ermöglichen.

DIVERSITY_ – SOLIDARISCHE KRITIK UND INKLUSION

Damit Diskriminierung besprechbar sein kann, ist es zum einen notwendig, Reflexions- und Lernprozesse intersektional, macht- und diskriminierungskritisch zu begleiten – und gleichzeitig nach Möglichkeit einen Raum zu etablieren, in dem gemeinsam und kritisch-solidarisch an Entwicklung und Veränderung gearbeitet werden kann, in dem von allen beteiligten Personen Verantwortung übernommen werden kann für die Veränderung gesellschaftlicher Machtverhältnisse. Ziel ist in diesem Sinn, »*einen Raum zu ermöglichen, in dem die unweigerlich auftretenden Reproduktionen von Machtverhältnissen thematisiert und bearbeitet werden können.*« (Goel 2016, S. 42)

Voraussetzung dafür ist das Ermöglichen und Gestalten eines Raums, in dem Kritik machtkritisch geäußert und auch angenommen werden kann; eines Raums, der allen beteiligten Personen ermöglicht, in eine (selbst-)kritische Auseinandersetzung zu treten und Verantwortung zu übernehmen für einen Entwicklungs- und Veränderungsprozess – für eine Veränderung von Dominanzverhältnissen und Machtdynamiken.

Konzepte, die in dieser Hinsicht unterstützend für eine machtkritische Beratungsarbeit sein können, wurden vor allem in aktivistischen Kontexten, in der Antidiskriminierungsarbeit und der machtkritischen Bildungs- und Beratungsarbeit entwickelt. Wir beziehen uns hier auf folgende – uns besonders hilfreich erscheinende – Konzepte:

- *Brave Spaces* (Arao/Clemens 2013) – Als Ergänzung zu der in erster Linie auf den geschützten Austausch geteilter Erfahrungen und Selbstermächtigung fokussierten Idee von *Save Spaces* sind *Brave Spaces* auf das Ermöglichen respekt- und verantwortungsvoller Auseinandersetzung und Kritik ausgerichtet – Auseinandersetzung, die immer auch Mut/Tapferkeit (*braveness*) erfordert. Die Idee von *Brave Spaces* trägt der Erkenntnis Rechnung, dass absolute ›Sicherheit‹ nicht möglich ist, da es kein ›Außerhalb‹ von Machtverhältnissen gibt.
- *Solidarische Kritik* (Krämer 2016) – Ermöglichen eines konstruktiven, solidarischen Umgangs mit Kritik, der die Prozesshaftigkeit von Lernprozessen (niemand kann ›perfekt‹, Lernprozesse niemals ›abgeschlossen‹ sein) als Ausgangspunkt mit berücksichtigt
- *Freundlichkeit gegenüber Fehlbarkeiten* (Goel 2020) – Als machtkritische Weiterentwicklung des Konzepts »Fehlerfreundlichkeit« basiert dieser Ansatz auf der Kritik an dichotomen ›Richtig/Fal-

sch‹-Klassifizierungen. Leitend ist die Erkenntnis, dass niemand perfekt sein kann und dass das Schaffen diskriminierungs*freier* Räume nicht möglich ist, da es kein ›Außerhalb‹ von Machtverhältnissen gibt – dass gerade deshalb aber das Ermöglichen einer macht- und diskriminierungskritischen Auseinandersetzung in Hinblick auf eine Veränderung von Dominanzverhältnissen von entscheidender Bedeutung ist.

Alle drei Konzepte bieten eine wichtige Orientierung und Unterstützung auch für die Beratungsarbeit. Alle Ansätze beziehen sich wesentlich auf einen machtkritischen und konstruktiven Umgang mit Kritik.

Sowohl das Formulieren als auch das Annehmen von Kritik sind häufig mit binären Bewertungslogiken verbunden, die eine konstruktive Auseinandersetzung mit Kritik erschweren:

- Verinnerlichte binäre (dichotome) Bewertungsstrukturen wie ›gut/schlecht‹, ›richtig/falsch‹ erschweren ein konstruktives Äußern und auch Annehmen von Kritik – und führen dazu, dass Kritik in dieser Logik als »Bestrafung für Fehler« wahrgenommen und gedeutet wird, bzw. auch dazu, dass diese »moralistisch absolut« (Goel 2020, S. 155) formuliert, bzw. so wahrgenommen wird.
- Das Beharren auf einer ›Richtig/Falsch‹-Dichotomie (oft auch ausgedrückt in der Erwartungshaltung vieler Menschen, eine klare Orientierung in Form einer binären Bewertung zu erhalten) erzeugt häufig beschämende bzw. als beschämend wahrgenommene Situationen und Reaktionen.
- Die Angst, Fehler zu machen, ›schlecht‹ statt ›gut‹ zu sein, lähmt in jedem Fall die konstruktive Auseinandersetzung, die Möglichkeit, Hinweise und auch (eigene) »Fehlbarkeit« als Lernanlässe zu nehmen, um so »an unseren Fehlern und Erfahrungen wachsen« (Krämer 2016, S. 29) und damit auch Machtverhältnisse verändern zu können.

Kritik kann dann als wertvolle Ressource, als Angebot hilfreicher Impulse und als kontinuierliches In-Frage-Stellen von dominanten ›Gewissheiten‹, dominantem Wissen formuliert und angenommen werden, wenn es gelingt, die Dichotomie von ›richtig/falsch oder ‚gut/schlecht‹ zu dekonstruieren. Dadurch können gleichzeitig auch Machtverhältnisses destabilisiert werden, da diese auf klaren Dichotomien (z. B. von Norm/›Normalität‹ und Abweichung/›Nicht-Normalität‹) aufbauen (vgl. Goel 2020, S. 163f.). Unter dem Begriff der solidarischen Kritik lassen sich die zentralen Aspekte der drei Ansätze zusammenfassen.

SOLIDARISCHE KRITIK

ZIEL

- Ermöglichen einer respekt- und verantwortungsvollen Auseinandersetzung und Kritik
- Fokus auf Diskriminierungs-*Strukturen* – Vermeiden einer Individualisierung von Diskriminierung (diskriminierenden Verhaltens) – daher auch:
- Vermeiden von Schuldzuweisungen (für ›Fehler‹)
- Ermöglichen eines konstruktiven, solidarischen Umgangs mit Kritik (sowohl im Formulieren wie auch im Annehmen von Kritik)
- Verständnis von Kritik als gerichtet gegen *Strukturen* (nicht gegen Personen) – Fokus auf strukturelle Gewalt, Machtverhältnisse, Dominanz- und Diskriminierungs-*Strukturen*

GRUNDANNAHMEN UND PRINZIPIEN

- Aufbrechen und Infragestellen dichotomer ›Richtig/Falsch‹-Klassifizierungen
- Freundlichkeit gegenüber »Fehlbarkeiten«
- Kritische Auseinandersetzung bedeutet Arbeit, ist »unbequem« und erfordert immer auch Mut/Tapferkeit (*braveness*)
- Absolute ›Sicherheit‹ (diskriminierungs*freie* Räume) sind nicht möglich, da es kein ›Außerhalb‹ von Machtverhältnissen gibt –

umso wichtiger: Fokus auf Diskriminierungsschutz, solidarische Kritik
- Verantwortung für das eigene Handeln und dessen Konsequenzen übernehmen
- Anerkennen der Prozesshaftigkeit von Lernprozessen – Niemand kann ›perfekt‹ sein, Lernprozesse sind niemals ›ab-geschlossen‹

Das Wahrnehmen von und Hinweisen auf Machtdynamiken und Diskriminierung, das Äußern und auch das Annehmen von Kritik können auf dieser Basis als wichtige und machtkritisch notwendige Handlungsweisen verstanden und genützt werden, um solidarisch und (selbst-)kritisch dazu beizutragen, Dominanzstrukturen und Machtverhältnisse zu verändern.

Ein Etablieren eines solidarischen Umgangs mit Kritik – und auch das eigene Sich-darin-Üben, das Anerkennen der eigenen »Fehlbarkeit« und des eigenen Nicht-Wissens, etwas nicht (besser) zu wissen – trägt dazu bei, dass Räume inklusiver werden, kritische Auseinandersetzung möglich wird und Reflexions-, Arbeits- und Veränderungsprozesse gemeinsam konstruktiv und gleichberechtigt gestaltet werden können:

Einen Raum zu schaffen »in dem alle gemeinsam lernen können, voneinander – aber nicht auf Kosten einiger weniger – zu lernen, in dem nicht vornehmlich die Angst, etwas Falsches zu sagen, vorherrscht, sondern eher die Empathie, andere nicht verletzen zu wollen, sich ggf. zu entschuldigen und das eigene Verhalten zu hinterfragen; in dem diskriminierende Handlungen kontextualisiert und nicht individualisiert werden; in dem Kritik geübt und gehört werden kann; und in dem alle lernen, intersektional und gemeinsam gegen Machtstrukturen vorzugehen« (Krämer 2016, S. 31).

Solidarität und solidarische Kritik muss sich, so bell hooks, also nicht auf gemeinsame Erfahrungen gründen, sondern bedeutet vielmehr die solidarische Auseinandersetzung mit anderen Perspektiven und Erfahrungen als den eigenen – und lässt sich in diesem Sinn auch als machtkritische »Absage an Dominanz« (hooks 1994, S. 23) verstehen.

DIVERSITY_ ALS PROFESSIONALISIERUNGSPROZESS

Diversity_ als solidarisch machtkritischer Prozess der Auseinandersetzung ist nicht durch einzelne, punktuelle Maßnahmen zur Repräsentation von mehr ›Vielfalt‹ umsetzbar oder als einmalig, kurzfristig und abschließend zu erwerbende Kompetenz zu verstehen. Vielmehr ist Diversity_ notwendig mit Diskriminierungsschutz und mit (selbst-)kritischer Auseinandersetzung mit gesellschaftlichen Macht- und Dominanzverhältnissen verbunden. Diese Auseinandersetzung ist vor allem auch als kontinuierlicher Professionalisierungsprozess zu verstehen (vgl. Gomis 2020).

Diversity_ als Anspruch und Orientierung ernst zu nehmen, bedeutet somit, sich auf einen kontinuierlichen, nie abgeschlossenen, unabsehbaren und offenen Lernprozess (aller an diesem Prozess beteiligten Personen) einzulassen. Dieser Prozess ist mit Verunsicherung, Irritation, Abwehr und vielen Herausforderungen, und vor allem auch mit Arbeit verbunden.

Als beratende Person dafür Verantwortung zu übernehmen, dass Diversity_ auch in der Beratung für alle Beteiligten ermöglicht wird, bedeutet, auch sich selbst kontinuierlich zu verorten, selbstkritisch das eigene Verstrickt-sein in Machtverhältnisse, die Positioniertheit der eigenen Perspektive zu reflektieren, eigenes Nicht-Wissen anzuerkennen. Es bedeutet, diesen Prozess als Teil der Professionalisierung als Beratende*r zu verstehen.

Auch als Schreibende, als Autor*innen dieses Buchs ebenso wie als Beratende und Lehrende lernen wir in diesem gemeinsamen Prozess kontinuierlich weiter, machtkritisch zu arbeiten, zu schreiben und zu handeln, machen dabei ›Fehler‹ und geraten aus dem Konzept, lassen uns verUnsichern und versuchen, aufmerksam und selbstkritisch hinsichtlich vertrauter ›Gewissheiten‹, scheinbarer ›Eindeutigkeiten‹ und der Machtwirkungen, in die wir verstrickt sind, zu bleiben.

Dieses Buch verstehen wir in diesem Sinn als Einladung an die Lesenden, sich einzulassen auf diesen Prozess – auf die kontinuierliche machtkritische und solidarische Auseinandersetzung.

Worauf wir uns beziehen

PRINT-QUELLEN

Abdul-Hussain, Surur / Hofmann, Roswitha (2013): Diversitätsmanagement. https://erwachsenenbildung.at/themen/diversitymanagement/ [02.08.2021].

Agne, Marieme (2016): Rassismus im Alltag. In: Amnesty International: Wir nehmen Rassismus persönlich. Broschüre zum Thema Alltagsrassismus.

Ahmed, Sara (2012): On Being Included: Racism and Diversity in Institutional Life, Durham/London: Duke University Press.

Ahmed, Sarah (2018): Feministisch leben! Manifest für Spaßverderberinnen. Münster: Unrast.

Aldwin, Carolyn / Levenson, Michael / Spiro, Avron (1994): Psychology and aging, 1994. In: American Psychological Association: Psychology and Aging. Vol. 9, Nr. 1, S. 34–44.

Anthias, Floya (2008): Thinking through the lens of translocational positionality: An intersectionality frame for understanding identity and belonging. In: Translocations, 4 (1), S. 5–20.

Arao, Brian / Clemens, Kristi (2013): From safe spaces to brave spaces: A new way to frame dialogue around diversity and social justice. In L. Landreman (Hg.): The art of effective facilitation: Reflections from social justice educators, S. 135–150, Sterling, VA: Stylus.

Arndt, Susan / Ofuatey-Alazard, Nadja (Hg.) (2011): Wie Rassismus aus Wörtern spricht. (K)Erben des Kolonialismus im Wissensarchiv deutsche Sprache. Ein kritisches Nachschlagewerk. Münster: Unrast Verlag.

Attia, Iman (1994): Antiislamischer Rassismus. Stereotypen – Erfahrungen – Machtverhältnisse. In: Siegfried Jäger (Hg.): Aus der Werkstatt: Anti-rassistische Praxen. Konzepte – Erfahrungen – Forschung. Duisburg (DISS), S. 210–228.

Attia, Iman (2014): Antimuslimischer Rassismus in bester Gesellschaft. In: Attia, Iman / Häusler, Alexander / Shooman, Yasemin (Hg.): Antimuslimischer Rassismus am rechten Rand, Münster: Unrast Verlag, S. 9–33.

Aumair, Betina / Theißl, Brigitte (2020): Klassenreise. Wie die soziale Herkunft unser Leben prägt. Wien: ÖGB-Verlag.

Baer, Susanne (2010): Chancen und Risiken Positiver Maßnahmen. In: Heinrich-Böll-Stiftung: Positive Maßnahmen – Von Antidiskriminierung zu Diversity. https://heimatkunde.boell.de/sites/default/files/dossier_positive_massnahmen.pdf [02.08.2021]. Berlin, S. 11–20.

Baig, Samira (2009): Bilder im Kopf. In: Diversity in Supervision, Coaching und Beratung. Wien: facultas, S. 61f.

Balibar, Etienne / Wallerstein, Immanuel (2014 [1990]): *Rasse Klasse Nation. Ambivalente Identitäten*, 3. Auflage, Hamburg: Argument.

Bartel, Daniel (2013): Das beraterische Verständnis von Diskriminierung. In: Antidiskriminierungsberatung in der Praxis. Berlin: Antidiskriminierungsstelle des Bundes, S. 6–12. http://www.antidiskriminierung.org/publikationen-advd [20.09.2021]

Bartel, Daniel (2015): Positioniertheit von Berater_innen und Beratungsangeboten. In: Antidiskriminierungsverband (ADVD): Antidiskriminierungsberatung in der Praxis, S. 13–18.

Barz, Hajdi (2020): Empowerment-Prozesse oder Rom*nja und andere Superheld*innen. In: Birgit Jagusch und Yasmine Chehata: Empowerment und Powersharing. Weinheim: Beltz, S. 164–176.

Bateson, Gregory (1992 [1981]): Ökologie des Geistes. Anthropologische, psychologische, biologische und epistemologische Perspektiven. Frankfurt am Main: Suhrkamp, S. 582–583.

Bateson, Gregory (2000 [1970]):

Beauvoir, Simon de (1951): Das andere Geschlecht. Sitte und Sexus der Frau. Hamburg: Rowohlt.

Beauvoir, Simone de (1970): La Vieillesse. Essai, Paris: Gallimard.

Bendl, Regine (2004): Gendermanagement und Gender – und Diversitätsmanagement – ein Vergleich der verschiedenen Ansätze. In: Bendl, Hanappi-Egger und Hofmann (2004): Interdisziplinäres Gender- und Diversitymanagement. Wien: Linde, S. 43–72.

Bendl, Regine (2004): Das Verhältnis von Chancengleichheitsprogrammen und Gender Mainstreaming zu Diversitätsmanagement – eine vergleichende Darstellung. In: Bendl, Hanappi-Egger und Hofmann (2004): Interdisziplinäres Gender- und Diversitymanagement. Wien: Linde, S. 237–264.

Bhabha, Homi K. (1994): *The location of culture*. London: Routledge; dt. (2000): Die Verortung der Kultur. Tübingen: Stauffenburg.

Bhanot, Kavita (2015): Decolonise, not Diversify! In: Media. Diversified. Online: https://mediadiversified.org/2015/12/30/is-diversity-is-only-for-white-people/ [02.08.2021].

Bösl, Elisabeth (2009): Forschungsbericht: Dis/ability History: Grundlagen und Forschungstand. http://hsozkult.geschichte.hu-berlin.de/forum/2009-07-001 [02.08.2021].

Boger, Mai-Anh / Simon, Nina (2016): zusammen – getrennt – gemeinsam. Rassismuskritische Seminare zwischen Nivellierung und Essentialisierung von Differenz. In: movements. Journal für kritische Migrations- und Grenzregimeforschung, Jg. 2, Heft 1/2016, S. 163–175. http://movements-journal.org/issues/03.rassismus/movements.2-1.rassismus-in-der-postmigrantischen-gesellschaft-full.pdf [02.08.2021].

Bourdieu, Pierre (1982): Die feinen Unterschiede – Kritik der gesellschaftlichen Urteilskraft. Frankfurt am Main: Suhrkamp.

Butler, Judith ([1990] 1991). Das Unbehagen der Geschlechter. Frankfurt am Main: Suhrkamp.

Butler, Judith (2004): Undoing gender. New York: Routledge.

Casanova, José (2009): Religion, Politics and Gender Equality, In: José Casanova und Anne Phillips: A Debate on the Public Role of Religion and its Social and Gender Implications. Gender and Development Programme Paper No. 5. United Nations Research Institute for Social Development, S. 2–33.

Castro Varela, María do Mar / Mecheril, Paul (Hg.) (2016): Die Dämonisierung der Anderen. Rassismuskritik der Gegenwart, Bielefeld: transcript.

Castro Varela, María do Mar / Dhawan, Nikita (2015): Postkoloniale Theorie. Eine kritische Einführung. Bielefeld: transcript.

Choudhury, Shakil (2019): Deep Diversity. Die Grenze zwischen ›uns‹ und den ›Anderen‹ überwinden. Münster: Unrast.

Combahee River Collective (1982): A Black Feminist Statement. In: Hull, Scott, Smith (Hg.): But Some of Us Are Brave. Black Women's Studies. Old Westbury, S. 13–22.

Combahee River Collective (1977): The Combahee River Collective Statement, http://historyisaweapon.com/defcon1/combrivercoll.html [02.08.2021].

Crenshaw, Kimberlé (1989): Demarginalizing the Intersection of Race and Sex: A Black Feminist Critique of Antidiscrimination Doctrine. In: The University of Chicago Legal Forum, S. 139–167.

Czollek, Leah Carola / Perko, Gudrun / Czollek, Max / Kaszner, Corinne (2019): Praxishandbuch Social Justice und Diversity. Weinheim: Beltz.

Degele, Nina (2003): Happy together: Soziologie und Gender Studies als paradigmatische Veunsicherungswissenschaften. In: Soziale Welt: 54, S. 9–29.

Derrida, Jacques (1983): *Grammatologie*. Frankfurt am Main: Suhrkamp.

Deutsches Institut für Menschenrechte (o. J.): Rassistische Diskriminierung. https://www.institut-fuer-menschenrechte.de/themen/rassistische-diskriminierung. [02.08.2021]

Deutsche Zoologische Gesellschaft (2019): Jenaer Erklärung. http://www.uni-jena.de/190910_JenaerErklaerung.html [02.08.2021].

DiAngelo, Robin (2018): White Fragility: Why It's So Hard for White People to Talk About Racism, Boston (MA): Beacon.

Dietze, Gabriele (2009): Critical Whiteness Theory und Kritischer Okzidentalismus. Zwei Figuren hegemonialer Selbstreflexion. In: Tißberger, Dietze, Hrzán und Husmann-Kastein (Hg.): *Weiß – Weißsein – Whiteness.* Frankfurt am Main: Lang, S. 219–247.

Duggan, Lisa (2002): The New Homonormativity. The Sexual Politics of Neoliberalism. In: Castronovo und Nelson (Hg.): Materializing Democracy. Toward a Revitalized Cultural Politics (New Americanists, S. 175–194). Durham, London: Duke University Press.

Ebbecke-Nohlen, Andrea (Hg.) ([2009] 2020): Einführung in die systemische Supervision, Heidelberg: Carl-Auer-Verlag.

Ebeling, Smilla / Schmitz, Sigrid (Hg.) (2006): Geschlechterforschung und Naturwissenschaften. Einführung in ein komplexes Wechselspiel. Wiesbaden: VS Verlag.

Eggers, Maisha M. (2016): Thematisierung von Diskriminierungsschutz in der Hochschullehre: Hemmungen und Ambivalenzen. In: AG Lehre / Zentrum für transdisziplinäre Geschlechterstudien: Diskriminierungskritische Lehre. Denkanstöße aus den Gender Studies. Berlin, S. 10–14. https://www.gender.hu-berlin.de/de/studium/diskriminierungskritik-1/ [02.08.2021].

El-Mafaalani, Aladin (2018): Das Integrationsparadox. Warum gelungene Integration zu mehr Konflikten führt. Köln: Kiepenheuer & Witsch.

El-Tayeb, Fatima (2016): Undeutsch. Die Konstruktion des Anderen in der postmigrantischen Gesellschaft. Bielefeld: transcript.

Elwert, Georg / Kohli, Martin / Müller, Harald K. (Hg.) (1990): Im Lauf der Zeit. Ethnographische Studien zur sozialen Konstruktion von Lebensaltern, Saarbrücken/Fort Lauderdale: breitenbach.

Eribon, Didier (2017): Gesellschaft als Urteil. Berlin: Suhrkamp.

Erkurt, Melisa (2021): Generation Haram, München: Hanser.

Erkurt, Melissa (2021): Neue Welten, taz vom 22.3.2021, https://taz.de/Vielfalt-des-Diskurses/!5756824/ [02.08.2021]

ECVison, Europäisches Glossar für Supervision und Coaching, 2018, https://anse.eu/wp-content/uploads/2017/01/ECVision_Glossar_deutsch.pdf [02.08.2021]

Foitzik, Andreas / Holland-Cunz, Marc / Riecke, Clara (2019): Praxisbuch Diskriminierungskritische Schule. Weinheim: Beltz.

Foitzik, Andreas (2019): Einführung in theoretische Grundlagen. Diskriminierung und Diskriminierungskritik. In: Foitzik, Andreas / Hezel, Lukas (Hg.): Diskriminierungskritische Schule. Einführung in theoretische Grundlagen. Weinheim, Basel: Beltz, S. 12–39.

Foroutan, Naika / Canan, Coşkun / Arnold, Sina / Schwarze, Benjamin/ Beigang, Steffen/ Kalkum, Dorina (2014): Deutschland postmigrantisch I. Gesellschaft, Religion, Identität – Das Berliner Institut für empirische Integrations- und Migrationsforschung (BIM).

Foroutan, Naika (2015): Die postmigrantische Gesellschaft. Bundeszentrale für politische Bildung. https://www.bpb.de/gesellschaft/migration/kurzdossiers/205190/die-postmigrantische-gesellschaft [02.08.2021].

Foroutan, Naika / Geulen, Christian / Illmer, Susanne / Vogel, Klaus / Wernsing, Susanne (Hg.) (2018): Das Phantom Rasse. Zur Geschichte und Wirkungsmacht von Rassismus, Wien/Köln: Böhlau.

Foroutan, Naika (2019): Die postmigrantische Gesellschaft. Ein Versprechen der pluralen Demokratie. Bielefeld: transcript.

Foucault, Michel (1977): Sexualität und Wahrheit, Band I: Der Wille zum Wissen, Frankfurt a.M.: Suhrkamp.

Foucault, Michel (1986): Sexualität und Wahrheit, Band II: Der Gebrauch der Lüste, Frankfurt a.M.: Suhrkamp.

Foucault, Michel (1986): Sexualität und Wahrheit, Band III: Die Sorge um sich, Frankfurt a.M.: Suhrkamp.

Frankenberg, Ruth (1996): Weiße Frauen, Feminismus und die Herausforderung des Antirassismus. In: Fuchs und Habinger (Hg.): *Rassismen und Feminismen. Differenzen, Machtverhältnisse und Solidarität zwischen Frauen.* Wien: Promedia.

Fuchs, Martin (2007): Diversity und Differenz – Konzeptionelle Überlegungen. In: Krell / Riedmüller / Sieben / Vinz (Hg.): Diversity Studies. Grundlagen und disziplinäre Ansätze. Frankfurt am Main: Campus Verlag, S. 17–34.

Gardenswartz, Lee / Rowe, Anita (2003): Diverse Teams at Work. Capitalizing on the Power of Diversity. Alexandria/USA: Society for Human Research Management.

Goel, Urmila (2016): Die (Un)Möglichkeiten der Vermeidung von Diskriminierungen. In: AG Lehre / Zentrum für transdisziplinäre Geschlechterstudien: Diskriminierungskritische Lehre. Denkanstöße aus den Gender Studies. Berlin, S. 39–47, https://www.gender.hu-berlin.de/de/studium/diskriminierungskritik-1/ [02.08.2021].

Goel, Urmila (2020): Freundlichkeit gegenüber Fehlbarkeiten – ein Ansatz für diskriminierungskritische Bildungsarbeit. In: Bücken / Streicher / Velho / Mecheril (Hg.): Migrationsgesellschaftliche Diskriminierungsverhältnisse in Bildungssettings. Wiesbaden: Springer, S. 147–165.

Goffman, Erving (1976): Gender Display. In: Goffman (Hg.): Gender Advertisements. London: Macmillan, S. 1–9.

Gomis, Saraya (2020): Rassismus-Debatte: »Es wird schmerzhaft«. In: Süddeutsche.de, 29. Juni 2020. https://www.sueddeutsche.de/kultur/struktureller-rassismus-deutschland-interview-saraya-gomis-1.4946962 [02.08.2021].

Gomis, Saraya (2020), Vorwort. In: Seng / Warrach (Hg.): Rassismuskritische Öffnung, Informations- und Dokumentationszentrum für Antirassismusarbeit, https://www.idaev.de/fileadmin/user_upload/pdf/publikationen/Reader/Broschuere_RKOE_II_Screenversion_final.pdf [02.08.2021]

Gümüşay, Kübra (2020): Sprache und Sein. Berlin: Hanser.

Gutiérrez Rodríguez, Encarnacion (1999): Fallstricke des Feminismus. Das Denken »kritischer Differenzen« ohne geopolitische Kontextualisierung. In: Polylog-Zeitschrift für interkulturelle Philosophie. Wien. S. 13–24. http://them.polylog.org/2/age-de.htm [02.08.2021].

Ha, Kien Nghi (2013 [2009]): ›People of Color‹ als Diversity-Ansatz in der antirassistischen Selbstbenennungs- und Identitätspolitik. In: Heinrich-Böll-Stiftung: Heimatkunde. Berlin. https://heimatkunde.boell.

de/de/2009/11/01/people-color-als-diversity-ansatz-der-antirassistischen-selbstbenennungs-und [02.08.2021].

Hall, Stuart (1989): Rassismus als ideologischer Diskurs. In: Das Argument Nr. 178.

Hall, Stuart (1994): Die Frage der kulturellen Identität. In: Rassismus und kulturelle Identität. Ausgewählte Schriften 2. Hamburg: Argument Verlag, S. 180–222.

Hall, Stuart (1994): Kulturellen Identität und Diaspora. In: Rassismus und kulturelle Identität. Ausgewählte Schriften 2. Hamburg: Argument Verlag, S. 26–43.

Hall, Stuart (2000): Rassismus als ideologischer Diskurs. In: Räthzel (Hg.): Theorien über Rassismus. Hamburg: Argument Verlag, S. 7–16.

Hausen, Karin (1976): Die Polarisierung der »Geschlechtscharaktere« – eine Spiegelung der Dissoziation von Erwerbs- und Familienleben. In: Conze (Hg.): Sozialgeschichte der Familie in der Neuzeit Europas. Band 21. Stuttgart: Ernst Klett, S. 363–393.

hooks, bell (1981): Ain't I a Woman. Black Women and Feminism. New York: South End Press.

hooks, bell (1989): Talking back. Thinking feminist, Thinking black. Boston: South End Press.

hooks, bell (1993): Sisters of the Yam. Black Women and Self-Recovery. Boston: South End Press.

hooks, bell (1994): Black Looks: Popkultur – Medien – Rassismus. Berlin: Orlanda.

hooks, bell (1994): Schwarzsein lieben als Form des politischen Widerstands. In: dies.: Black Looks. Popkultur – Medien – Rassismus, Berlin: Orlanda, S. 18–32.

hooks, bell (2000): Where we stand. Class matters, New York and London: Routledge.

Hornstein, René_ (2016): Privilegierter Widerstand gegen diskriminierungskritisches Wissen. In: AG Lehre / Zentrum für transdisziplinäre Geschlechterstudien: Diskriminierungskritische Lehre. Denkanstöße aus den Gender Studies. Berlin, S. 15–26. https://www.gender.hu-berlin.de/de/studium/diskriminierungskritik-1/ [02.08.2021].

Judy, Michaela / Knopf, Wolfgang (Hg.) (2017): Handbuch zum ANSE Projekt *Supervision und Coaching in Europa*. https://anse.eu/wp-content/uploads/2017/01/ECVision_Handbuch.pdf [02.08.2021]

Kampf, Antje (2013): Alter(n), Gender, Körper. Neue Verbindungen für die zeithistorische Forschung. In: *Zeithistorische Forschungen*, S. 464–470.

Kastner, Jens / Susemichel, Lea (2018): Identitätspolitiken. Konzepte und Kritiken in Geschichte und Gegenwart der Linken, Münster: Unrast.

Katz, Stephen (1997): Charcot's Older Women: Bodies of Knowledge at the Interface of Aging Studies and Women's Studies, in: *Journal of Women & Aging* 9, H. 4, S. 73–84.

Kemper, Andreas / Weinbach, Heike (2009): Klassismus. Eine Einführung. Münster: Unrast.

Kilomba, Grada (2008): Plantation Memories. Episodes of Everyday Racism. Münster: Unrast.

Klose, Alexander / Liebscher, Doris (2015): Antidiskriminierungspolitik in der deutschen Einwanderungsgesellschaft. Gütersloh: Bertelsmann Stiftung.

Kohli, Martin (2001): Alter und Altern der Gesellschaft. In: Schäfers / Zapf (Hg.): Handwörterbuch zur Gesellschaft Deutschlands. Wiesbaden: VS Verlag für Sozialwissenschaften. S. 11–24. https://doi.org/10.1007/978-3-322-94976-9_1 [02.08.2021].

Krämer, Conni* (2016): Solidarische Kritik. In: AG Lehre / Zentrum für transdisziplinäre Geschlechterstudien: Diskriminierungskritische Lehre. Denkanstöße aus den Gender Studies. Berlin, S. 27–32. https://www.gender.hu-berlin.de/de/studium/diskriminierungskritik-1/ [02.08.2021].

Krauthausen, Raul (2020): Wie das System der Behindertenwerkstätten Inklusion verhindert. In: Zukunft und Arbeit. https://www.piqd.de/zukunft-der-arbeit/wie-das-system-der-behindertenwerkstatten-inklusion-verhindert [02.08.2021].

Langhoff, Şhermin: »Postmigrantisches« Theater: https://www.bpb.de/gesellschaft/bildung/kulturelle-bildung/60135/interview-mit-shermin-langhoff [02.08.2021].

Lembke, Ulrike / Liebscher, Doris (2014): Postkategoriales Antidiskriminierungsrecht? – Oder: Wie kommen Konzepte der Intersektionalität in die Rechtsdogmatik? in: Philipp et. al. (Hg.): Intersektionelle Benachteiligung und Diskriminierung. Soziale Realitäten und Rechtspraxis, Baden-Baden 2014, S. 261–290.

Lüthi, Erika (2009): Caleidoscopia. In: Lüthi / Oberpriller (2009): Teamentwicklung mit Diversity Management, München: C.H.Beck, S. 94–95.

Luhmann, Niklas (1988): Frauen, Männer und George Spencer Brown. In: *Zeitschrift für Soziologie* 17, 1988, S. 47–71.

Lugones, Maria (2010): Toward a Decolonial Feminism. In: Hypatia 25(4), S. 742–59.

Maihofer, Andrea (2017): Säkularismus – Wie weiter? Ein Essay. Freiburger Zeitschrift für Geschlechterstudien, 2-2017, S. 93–110. https://doi.org/10.3224/fzg.v23i2.07 [02.08.2021].

Mascos, Rebecca (2020): Warum Ableismus Nichtbehinderten hilft, sich »normal« zu fühlen, https://dieneuenorm.de/gesellschaft/ableismus-behindertenfeindlichkeit/ [02.08.2021].

Mecheril, Paul (2004): Einführung in die Migrationspädagogik, Weinheim: Beltz.

Mecheril, Paul (2007): Die Normalität des Rassismus. In: Broden / Mecheril (Hg.): Tagungsdokumentation des Fachgesprächs zur Normalität und Alltäglichkeit des Rassismus. https://www.ida-nrw.de/aktuelles/detail/normalitaet-und-alltaeglichkeit-des-rassismus/ [02.08.2021].

Mecheril, Paul (2008): ›Diversity‹. Differenzordnungen und Modi ihrer Verknüpfung. In: Heimatkund. Migrationspolitisches Portal, Heinrich-Böll-Stiftung: https://heimatkunde.boell.de/de/2008/07/01/diversity-differenzordnungen-und-modi-ihrer-verknuepfung [02.08.2021].

Mecheril, Paul / Kalpaka, Annita / Castro Varela, Maria do Mar / Dirim, Inci / Melter, Klaus (2010): Migrationspädagogik. Weinheim: Beltz.

Mecheril, Paul / Kourabas, Veronika / Rangger, Matthias (Hg.) (2016): Handbuch - Migrationspädagogik. Weinheim: Beltz.

Meyer, Ilan H. (2003): Prejudice, social stress, and mental health in lesbian, gay, and bisexual populations: Conceptual issues and research evidence. In: Psychological Bulletin. 129 (5), S. 674–697, https://www.bpb.de/gesellschaft/gender/homosexualitaet/38863/diskriminierung?p=all [02.08.2021].

Morganroth Gullette, Margaret (2004): Aged by Culture, Chicago: University of Chicago Press.

Mouffe, Chantal (2001): Feministische kulturelle Praxis aus anti-essentialistischer Sicht. In: Mouffe / Trinks (Hg.): Mesotes: Jahrbuch für philosophischen Ost-West-Dialog, 2000: Feministische Perspektiven. Wien: Turia & Kant: S. 11–22.

Nassir-Shahnian, Natascha Anahita (2020): Powersharing: es gibt nichts Gutes, außer wir tun es! Vom bewussten Umgang mit Privilegien und der Verantwortlichkeit für soziale (Un-)Gerechtigkeit. In: Jagusch / Chehate (Hg.): Empowerment und Powersharing. Weinheim: Beltz, S. 29-43.

Nguyen, Quoc Toan (2019): »Kein Spaziergang, sondern ein Dauerlauf!« – Anforderungen an rassismuskritische und diversitätsorientierte Organisationsentwicklung. In: Seng / Warrach (Hg.): Rassismuskritische Öffnung. Düsseldorf: IDA e.V., S. 55–60.

Ogette, Tupoka (2017): exit RACISM. rassismuskritisch denken lernen, Münster: Unrast.

Oguntoye, Katharina / Ayim, May / Schultz, Dagmar (Hg.) (1984): Farbe bekennen. Afro-deutsche Frauen auf den Spuren ihrer Geschichte, Berlin: Orlanda.

Okun, Tema Jon (2010): The Emperor Has No Clothes: Teaching About Race and Racism to People Who Don't Want to Know. Greensboro: University of North Carolina. http://nonprofitinclusiveness.org/files/Okun_Emperor_Has_No_Clothes.pdf [02.08.2021].

Parker, Pat (1978): For the white person who wants to know how to be my friend. In: Parker (1978): Movement in Black: The Collected Poetry of Pat Parker, 1961–1978. New York: Diana Press.

Piper, Marie (2016.): Nicht rassistisch sein zu wollen ist ein guter Anfang. In: Amnesty International. Wir nehmen Rassismus persönlich. Broschüre zum Thema Alltagsrassismus. https://www.amnesty.de/sites/default/files/2017/-05/Amnesty-Broschuere-Alltagsrassismus-September2016.pdf [10.08.2021].

Prasad, Nivedita (2012): Gewalt und Rassismus als Risikofaktoren für die Gesundheit von Migrantinnen. https://www.boell.de/de/navigation/feminismus-geschlechterdemokratie-gewalt-rassismus-als-risikofaktoren-fuer-die-gesundheit-von-migrantinnen-13959.html [02.08.2021].

Prasad, Nivedita (2018): Soziale Arbeit als Menschenrechtsprofession. Eine Antwort auf antifeministische Angriffe auf Felder der feministischen (Sozialen) Arbeit? In: TuP: Theorie und Praxis Sozialer Arbeit, 2/2018.

Prasad, Nivedita / Foitzik, Andreas / Muckenfuss, Katrin (Hg.) (2020): Recht vor Gnade. Bedeutung von Menschenrechtsentscheidungen für eine diskriminierungskritische (Soziale) Arbeit. Weinheim, Basel: Beltz Juventa.

Puar, Jasbir (2007): Terrorist Assemblages. Homonationalism in Queer Times (Next wave). Durham: Duke University Press.

RAA (Regionale Arbeitsstellen für Bildung, Integration und Demokratie e.V.) (2017): Diversitätsorientierte Organisationsentwicklung. Grundsätze und Qualitätskriterien, Berlin. http://raa-berlin.de/wp-content/uploads/2017/07/DO-GRUNDSAETZE-RAA-BERLIN.pdf [02.08.2021].

Reuter, Julia (2002): Ordnungen des Anderen: zum Problem des Eigenen in der Soziologie des Fremden. Bielefeld: Transcript.

Ritz, ManuEla (2008): Kindsein ist kein Kinderspiel, Adultismus – (un)bekanntes Phänomen, https://amyna.de/amyna-medien/dokumente/prog/Kind-sein_ist_kein_Kinderspiel.pdf [18.10.2021].

Röder, Brigitte / de Jong, Willemijn / Alt, Kurt W. (Hg.) (2012): Alter(n) anders denken. Kulturelle und biologische Perspektiven, Wien.

Rommelspacher, Birgit (2015): Zum Verhältnis von Antisemitismus, Rassismus und Rechtsextremismus. In: VÖ ZWSt, Die Abwertung der Anderen, S. 6 –13. https://zwst-kompetenzzentrum.de/wp-content/uploads/2019/03/PW_Sammelband_Web.pdf [19.08.2021].

Rommelspacher, Birgit (1995): Dominanzkultur. Texte zu Fremdheit und Macht. Berlin: Orlanda.

Rosenstreich, Gabriele (2018): Empowerment und Powersharing – eine Einführung. In: Überblick – Zeitschrift des Informations- und Dokumentationszentrums für Antirassismusarbeit in Nordrhein-Westfalen. www.ida-nrw.de/fileadmin/user_upload/ueberblick/Ueberblick_022018.pdf [02.08.2021].

Rosenstreich, Gabriele (2020): Empowerment und Powersharing unter intersektionaler Perspektive. In: Jagusch / Chehata (Hg.) (2020): Empowerment und Powersharing, Weinheim, S. 227–239.

Said, Edward (1991 [1978]): Orientalism. London: Penguin Books.

Schlippe, Arist von / Schweitzer, Jochen (2016): Lehrbuch der systemischen Therapie und Beratung I – Das Grundlagenwissen. Göttingen: Vandenhoeck & Ruprecht, S. 126.

Schmidt, Bettina / Walter, Cornelia (2016): Paradigmenwechsel in der Gesellschaft: Wie schützt Diversity Kompetenz vor Diskriminierung? In: Genkova / Ringeisen (Hg.) (2016): Handbuch Diversity-Kompetenz: Perspektiven und Anwendungsfelder. Springer, S. 236–247.

Seeck, Francis / Theißl, Brigitte (Hg.) (2021 [2020]): Solidarisch gegen Klassismus. Organisieren, intervenieren, umverteilen, Münster: Unrast.

Shapiro, Joseph P.: No pity: people with disabilities forging a new civil rights movement. New York: Times Books.

Sherif, Muzafer / Sherif, Carolyn (1961): Psychological Harmony and Conflict in Minority Group Ties. In: The American Catholic Sociological Review. Vol. 22(3), Oxford University Press, S. 207–222.

Shooman, Yasemin (2015): »Mein Kopf gehört mir« – Kommentar zur Diskussion um das Tragen des Kopftuchs im öffentlichen Dienst. https://www.ufuq.de/mein-kopf-gehoert-mir-kommentar-zur-diskussion-um-das-tragen-des-kopftuchs-im-oeffentlichen-dienst/ [02.08.2021].

Sontag, Susan (1972): The Double Standard of Aging. In: Saturday Review of Literature, 23.9.1972, S. 29–38.

Spivak, Gayatri Chakravorty (1985): The Rani of Sirmur: an essay in reading the archives. In: History and Theory 24 (3). Middletown, CT: Wesleyan University Press, S. 247–272.

Spivak, Gayatri Chakravorty (1999): A Critique of Postcolonial Reason. Toward a History of the Vanishing Present, Cambridge MA: Harvard University Press.

Staub-Bernasconi, Silvia (1995): Das fachliche Selbstverständnis Sozialer Arbeit – Wege aus der Bescheidenheit. Soziale Arbeit als Menschenrechtsprofession. In: Wendt (Hg.) (1995): Soziale Arbeit im Wandel ihres Selbstverständnisses: Beruf und Identität. Schriftenreihe der Deutschen Gesellschaft für Sozialarbeit, Band 2. Freiburg im Breisgau: Lambertus Verlag.

Tajfel, Henri / Turner, John C. (1986): The social identity theory of intergroup behavior. In: Worchel / Austin (Hg.): Psychology of intergroup relations. 2nd ed. Chicago: Nelson-Hall, S. 7–24.

Terkessidis, Mark (2010): Interkultur. Berlin: Suhrkamp.

Vater, Gundi (2004): Gruppendynamik und ihr Beitrag zur Diversity-Debatte, In: Hernsteiner, Heft 2, 2004.

Velho, Astride (2011): UnTiefen der Macht. In: Alltagsrassismus und rassistische Diskriminierung. München: AMIGRA, https://www.elina-marmer.com/wp-content/uploads/2014/02/fachtagung_alltagsrassismus.pdf [02.08.2021].

Voß, Heinz-Jürgen (2010): Making Sex Revisited. Dekonstruktion des Geschlechts aus biologisch-medizinischer Perspektive. Bielefeld: transcript.

Voß, Heinz-Jürgen / Wolter, Salih Alexander (2015 [2013]): Queer und (Anti-)Kapitalismus, Berlin: Schmetterling.

Waldschmidt, Anne (2005): Disability Studies: individuelles, soziales und/oder kulturelles Modell von Behinderung? Psychologie und Gesellschaftskritik, 29(1).

Walgenbach, Katharina (2015): Diversity in historischer Perspektive. In: Sozialmagazin, Ausgabe 10, Jahr 2015. Weinheim: Beltz-Juventa, S. 14–21.

Warner, Michael (1991): Fear of a Queer Planet. Queer Politics and Social Theory. Social Text (29), S. 3–17.

West, Candace / Zimmerman, Don H. (1987): Doing gender. In: Gender & Society, 1(2), S. 125–151.

West, Candace / Fenstermaker, Sarah (1995): Doing difference. In: Gender & Society, 9 (1), S. 8–37.

Woodward, Kathleen (1991): Aging and Its Discontents. Freud and Other Fictions, Bloomington: Indiana University Press.

Yigit, Nuran / Can, Halil (2006): Die Überwindung der Ohnmacht. In: Elverich et al. (Hg.) (2009): Spurensicherung – Reflexion von Bildungsarbeit in der Einwanderungsgesellschaft. Frankfurt am Main: Unrast, S. 167–192.

Zick, Andreas / Küpper, Beate / Berghan, Wilhelm (2019): Verlorene Mitte – Feindselige Zustände. Rechtsextreme Einstellungen in Deutschland 2018/19, Berlin: Karl Dietz Verlag.

ONLINE-QUELLEN

AEMR – Allgemeine Erklärung der Menschenrechte (1948): http://www.un.org/Depts/german/menschenrechte/aemr.pdf [02.08.2021].

Allgemeine Gleichbehandlungsgesetz (AGG) (2006), https://www.gesetze-im-internet.de/agg/BJNR189710006.html [02.08.2021].

Amadeu Antonio Stiftung (o. J.): Glossar, »Antisemitismus- und rassismuskritische Jugendarbeit«. https://www.amadeu-antonio-stiftung.de/w/files/pdfs/juan-faecher.pdf [21.08.2021].

Amnesty International (2019): AEMR (Allgemeine Erklärung der Menschenrechte), diskriminierungssensibel überarbeitete deutsche Übersetzung. https://www.amnesty.de/sites/default/files/2019-12/Webversion%20Brosch%C3%BCre%20AEMR.pdf [10.08.2021].

Antidiskriminierungsstelle des Bundes (2021): Religion /Weltanschauung. https://www.antidiskriminierungsstelle.de/DE/ueber-diskriminierung/diskriminierungsmerkmale/religion-weltanschauung/religion-weltanschauung-node.html [20.08.2021].

Antidiskriminierungsstelle des Bundes (2016): Weltanschauung als Diskriminierungsgrund – Begriffsdimensionen und Diskriminierungsrisiken. https://www.antidiskriminierungsstelle.de/SharedDocs/downloads/DE/publikationen/Expertisen/uebersichtsartikel_weltanschauung_als_diskrGrund_20160922.pdf:__blob=publicationFile&v=3 [10.08.2021].

Antidiskriminierungsstelle des Bundes (2018): Handbuch rechtlicher Diskriminierungsschutz: Was ist rechtlich eine Diskriminierung? http://www.antidiskriminierungsstelle.de/DE/ueber-diskriminierung/was-ist-diskriminierung-node.html [10.08.2021].

Armutskonferenz: https://www.nationale-armutskonferenz.de/ [02.08.2021]; https://www.armutskonferenz.at/ [02.08.2021].

Behindertenrechtskonvention (2007): https://www.behindertenrechtskonvention.info/inklusion-3693/ [02.08.2021].

Berliner Landes-Antidiskriminierungsgesetzt (LADG) (2020). https://berlin.de/sen/lads/recht/ladg/200929_a6_quer_normtext_final.pdf [10.08.2021].

Charta der Vielfalt (2006): Charta der Vielfalt. Für Diversity in der Arbeitswelt. https://www.charta-der-vielfalt.de/die-charta/ueber-die-charta/ [02.08.2021].

Council of Europe Convention on preventing and combating violence against women and domestic violence (Cedaw, »Istanbul-Konvention«, 2011). https://www.coe.int/en/web/istanbul-convention/ [02.08.2021].

Deutsche Gesellschaft für Supervision und Coaching e.V. (DGSv) (2017): Exzellente Beratung basiert auf exzellenter Qualifizierung. https://www.dgsv.de/news/exzellente-beratung-papier-der-entwicklungskommission-erschieen/ [10.08.2021].

Deutsches Institut für Menschenrechte (o. J.): Rassistische Diskriminierung. https://www.institut-fuer-menschenrechte.de/themen/rassistische-diskriminierung. [02.08.2021]

Deutsches Institut für Menschenrechte (2020): Begriff »Rasse« im Grundgesetz durch »rassistisch« ersetzen. Pressemitteilung vom 23.09.2020. https://www.institut-fuer-menschenrechte.de/aktuelles/detail/begriff-rasse-im-grundgesetz-durch-rassistisch-ersetzen

Deutsches Institut für Menschenrechte / Hendrik Cremer (2010): Ein Grundgesetz ohne »Rasse«. Vorschlag für eine Änderung von Artikel 3 Grundgesetz. https://www.institut-fuer-menschenrechte.de/fileadmin/user_upload/Publikationen/Policy_Paper/policy_paper_16_ein_grundgesetz_ohne_rasse.pdf

Deutsche Zoologische Gesellschaft (2019): Jenaer Erklärung. http://www.uni-jena.de/190910_JenaerErklaerung.html [02.08.2021].

DIW-Studie 2020: Vermögen weit ungleicher verteilt als bereits bekannt. https://de.rt.com/inland/104544-diw-studie-vermogen-weit-ungleicher [02.08.2021].

European Commission (2010): EU Platform of Diversity Charters. https://ec.europa.eu/info/policies/justice-and-fundamental-rights/combatting-discrimination/tackling-discrimination/diversity-management/eu-platform-diversity-charters-turns-10_en [02.08.2021].

Inklusion in der Schule (Haba Sales GmbH & Co. KG, o. J.). http://www.inklusion-schule.info/ [10.08.2021].

Mitte-Studien der ADSB, die seit 2006 antidemokratische Einstellungen in der deutschen Bevölkerung untersuchen.

OECD: A Broken Social Elevator? How to Promote Social Mobility, Paris 2018, http://dx.doi.org/10.1787/9789264301085-en [02.08.2021].

Österreichisches Gleichbehandlungsgesetz (GlBG) (2004), https://www.ris.bka.gv.at/GeltendeFassung.wxe?Abfrage=Bundesnormen&Gesetzesnummer=20003395 [02.08.2021].

Queer Lexikon. https://queer-lexikon.net/ [10.08.2021].

RAA, Berlin (Regionale Arbeitsstellen für Bildung, Integration und Demokratie e.V.) (2017): Diversitätsorientierte Organisationsentwicklung. Grundsätze und Qualitätskriterien, S. 3. http://raa-berlin.de/wp-content/uploads/2017/07/DO-GRUNDSAETZE-RAA-BERLIN.pdf.

UN-Dekade für Menschenrechtsbildung (1995–2004) United Nations 1996, Abs. 44.; vgl.: UN (1994): Human Rights and Social Work. Professional Training Series Nr. 1. A Manual for Schools of Social Work and the Social Work Profession. New York / Geneva.

UNESCO (1969): Statement on Race, Juli 1950. In: Hiernaux, Jean / Banton, Michael: Four statements on the race question. Paris: United Nations, S. 30–35. https://unesdoc.unesco.org/ark:/48223/pf0000122962 [10.08.2021].

Zentrum für Inklusionsforschung. https://www.zfib.org/ [02.08.2021].